Titelrezept

Viktoriabarsch auf mediteranem Gemüse

Zubereitungszeit: 45 Min. | Pro Portion: E: 34 g, F: 28 g, Kh: 10 g, kJ: 1819, kcal: 438

4 Portionen

Für das Gemüse:

1	*Zucchini*
1	*kleine Gurke*
1	*kleine Fenchelknolle*
1	*Rispe Cocktailtomaten*
2 EL	*Olivenöl*
	Salz
	frisch gemahlener Pfeffer
250 g	*Crème fraîche*
4	*Viktoriabarschfilets (je etwa 160 g)*
2–3 EL	*Olivenöl*
2	*Bio-Zitronen (unbehandelt, ungewachst)*

1 Für das Gemüse Zucchini waschen, abtrocknen und die Enden abschneiden. Zucchini in Scheiben schneiden. Gurke schälen (etwas von der Schale stehen lassen), längs halbieren und mit einem Ausstecher oder Löffel die Kerne entfernen. Von der Fenchelknolle die Stiele dicht oberhalb der Knolle abschneiden. Braune Stellen und Blätter entfernen. Fenchelgrün abschneiden, abspülen, trockentupfen und zum Garnieren beiseite legen. Die Knolle waschen, abtropfen lassen und in Streifen schneiden. Tomaten abspülen und trockentupfen.

2 Olivenöl in einem breiten Topf erhitzen. Zucchinischeiben, Gurkenstücke und Fenchelstreifen darin andünsten. Mit Salz und Pfeffer würzen. Crème fraîche unterrühren. Das Gemüse (ohne Deckel) bei schwacher Hitze etwa 10 Minuten garen.

3 In der Zwischenzeit Fischfilets unter fließendem kalten Wasser abspülen und trockentupfen. Olivenöl in einer großen Pfanne erhitzen. Die Fischfilets darin von beiden Seiten 6–8 Minuten braten. Mit Salz und Pfeffer würzen.

4 Die Cocktailtomaten zum gegarten Gemüse geben und kurz mit erhitzen.

5 Zitronen abwaschen, abtrocknen und in Spalten schneiden. Das Gemüse auf 4 vorgewärmten Tellern anrichten, Viktoriabarschfilets darauf verteilen. Mit dem beiseite gelegten Fenchelgrün garnieren und mit Zitronenspalten servieren.

Dr. Oetker

Die neue Küchenbibliothek

Fisch + Meeresfrüchte

Dr. Oetker

Die neue Küchenbibliothek

Fisch + Meeresfrüchte

Dr. Oetker Verlag

Vorwort

Fisch + Meeresfrüchte

Die neue Küchenbibliothek eröffnet Ihnen eine große Auswahl an Rezepten

Fische und Meeresfrüchte sind der leichte Genuss für jeden Tag.
Aber kennen Sie Tilapiafilet? Oder Pangasius? Haben Sie schon mal Fisch bei 80 Grad im Backofen zubereitet? Haben Sie sich in der heimischen Küche schon mal an Sushi herangetraut?
90 der schönsten Rezepte haben wir hier zusammengestellt, ob als Vorspeise, als Suppe, gebraten, gedünstet, geschmort oder aus dem Backofen. Hier finden Sie für jeden Geschmack etwas. Ob klassisch oder modern – Fisch und Meeresfrüchte sind stets ein zeitgemäßer Genuss.

Alle Rezepte sind wie gewohnt leicht nachvollziehbar beschrieben, von der Dr. Oetker Versuchsküche getestet und machen schon beim Zubereiten Spaß.

Fisch & Meeresfrüchte
Gebraten

Fisch & Meeresfrüchte
Modern

Fisch & Meeresfrüchte
Gegrillt

Fisch auf den Tisch

Seefische, Süßwasserfische, Schalen- und Krustentiere – das Angebot aus den Weltmeeren, Flüssen und Seen ist groß. Fisch und Meeresfrüchte bringen nicht nur Abwechselung auf den Tisch, sondern lassen sich leichter und schneller zubereiten, als Sie vielleicht denken. Ernährungsphysiologisch ist Fisch reich an Eiweiß und ungesättigten Fettsäuren. Fisch ist ein wichtiger Lieferant für Vitamin D, B12 und des essenziellen Mineralstoffs Jod. Beim Fischkauf haben Sie die Wahl zwischen frischem Seefisch, lebenden Flussfischen und tiefgekühltem Fisch. Am häufigsten im Handel erhältlich sind:

Seefische:

Rotbarsch, Schellfisch, Kabeljau, Stein-, Glatt- und Heilbutt, Scholle, Seelachs, Seezunge, Atlantikzunge, Tunfisch, Lachs, Makrele, Hering, Goldbrasse, Wolfsbarsch (Loup de mer), Dorade, Seeteufel, Rote Meerbarbe, Tunfisch, Steinbutt, Sardinen, Seehecht, Red Snapper.

Süßwasserfische:

Aal, Hecht, Regenbogenforelle, Lachsforelle, Karpfen, Felchen, Zander, Schleie, Wels, Seesaibling, Äsche, Viktoria-Seebarsch, Pangasius, Tilapia.

Da die Weltmeere stark überfischt sind, werden zunehmend Fische in so genannten Aquakulturen gezüchtet. Wildfänge folgender Arten sind besonders kritisch: Rotbarsch, Schellfisch, Lachs, Kabeljau, Dorsch und Seezunge. Greifen Sie deshalb auf weniger gefährdete Arten wie Seelachs und Makrelen oder auf Fische aus Aquakulturen zurück. Z. B. auch die weniger bekannten Sorten wie Pangasius und Tilapia. Tilapia ist ein Fisch aus der Familie der Buntbarsche. Er hat relativ weiches, süßliches Fleisch. Es kann gebraten, gegrillt oder gedünstet werden. Pangasius ist eine exotische Welsart. Sein Fleisch ist grätenfrei, fest, weiß und hat einen feinen, milden Geschmack.

Frische Fische – kaufen

Ganze Fische:

- klare, pralle Augen mit nach außen gewölbten Linsen
- leuchtend rote Kiemen
- kräftig glänzende Haut, mit klarem Schleim überzogen
- feste Schuppen
- frischer Geruch (bei Seefisch nach Salzwasser oder Seetang)

Zerlegter Fisch:

- glatte, glänzende Fischstücke
- frischer Geruch

Frische Fische – aufbewahren

Bewahren Sie Frischfisch im Kühlschrank auf. Am besten geeignet ist eine Glas- oder Porzellanschüssel, auf deren Boden Sie eine umgedrehte Untertasse legen, damit austretende Flüssigkeit ablaufen kann. Mit Klarsichtfolie zudecken. Den Fisch möglichst noch am selben Tag zubereiten.

TK-Fisch

Tiefgekühlter Fisch wird sofort fangfrisch auf dem Schiff weiterverarbeitet und tiefgefroren bzw. aus Aquakulturen abgefischt und dann gefroren. Lassen Sie TK-Fisch in der Folie im Kühlschrank über Nacht auftauen und verarbeiten Sie ihn dann weiter. Tiefgefrorener Fisch hält sich bei -18 °C je nach Fettgehalt 2–5 Monate.

Frische Fische – vorbereiten

Frischfisch wird häufig bereits küchenfertig angeboten. Falls Sie sich für ein ganzes, unausgenommenes Exemplar entschieden haben, gehen Sie so vor:

Putzen: Zunächst den Fisch waschen, den Bauch längs aufschlitzen und sauber ausnehmen.

Schuppen: Den Fisch am Schwanzende festhalten. Mit einem flachen, breiten Messer oder einem Fischschupper die Schuppen in Richtung Kopf, am besten unter fließendem Wasser abschaben.

Fisch häuten: Die Haut an der Schwanzflosse mit einem scharfen Messer einschneiden.
Schwanzflosse mit einem Tuch festhalten und die Haut mit einem Ruck in Richtung Kopf abziehen. Fisch umdrehen und auf der Rückseite ebenso verfahren. Schwanz- und Rückenflosse mit einer Schere abschneiden, den Kopf mit einem Messer.

Fisch filetieren/filieren: Den gehäuteten Fisch mit einem scharfen Messer an der Hauptgräte entlang vom Kopf bis zum Schwanz einschneiden. Das Messer flach ansetzen, das obere und untere Filet vorsichtig von den Gräten trennen. Fisch umdrehen und die beiden Filets der Rückseite ebenso ablösen.
Säubern: Ganzen Fisch von innen und außen oder das Fischfilet unter fließendem kalten Wasser abspülen und trockentupfen.
Salzen: Fisch erst unmittelbar vor dem Garen salzen, er zieht sonst Wasser, wird fad und trocken.

Fisch ist gar, wenn:

- sich die Flossen und Gräten leicht herausziehen lassen.
- die Augen heraustreten und trüb gefärbt sind.
- sich die Haut vom Fischfleisch leicht abheben lässt.
- sich beim Druck mit der Gabel das Fischfleisch schuppenförmig löst.

Meeresfrüchte – Genuss aus der Tiefe

Krustentiere:

Hummer, Krabben und Garnelen, Krebse, Langusten

Schaltiere:

Muscheln und Austern

Kopffüßer:

Tintenfische, Kalmare, Octopus

Krusten- und Krebstiere – gepanzerte Leckerbissen.
Die Vielzahl der angebotenen Meeresbewohner mit oder ohne Panzer ist groß. Die zunächst vor dem Garen bräunlichen Schalen der Tiere erröten durch das Kochen. Die im Handel erhältlichen Sorten sind zum größten Teil bereits vorgekocht und tiefgefroren.

So kriegen Sie den Dreh raus
Mit ein bisschen Übung schaffen Sie jeden Panzer. Fangen Sie klein an – bei Garnelen und deren Verwandten:

- Die abgekochten Tiere mit einer Hand hinter dem Kopf und mit der anderen Hand am Schwanz anfassen.
- Kopf und Schwanz leicht gegeneinander drücken, drehen und den Kopf abziehen.
- Panzerteil etwas andrücken und das Fleisch herauslösen.
- Bei Riesengarnelen muss zusätzlich der Darm, der etwas unterhalb der Rückenoberseite gelegen ist (als dunkler Faden zu erkennen), entfernt werden. Dazu den Darm entweder mit dem Messer oder einem Holzstäbchen herausziehen oder die Tiere vorsichtig entlang des Rückens aufschneiden und dann den Darmfaden entnehmen.

Muscheln und Austern
Es gibt viele Arten von Muscheln, z. B. Jakobs-, Kamm-, Herz-, Venus- und Miesmuscheln und Austern. Die leckeren Weichtiere sind von zwei Schalen umgeben, die an einer Seite scharnierartig zusammengehalten werden. Das zarte, eiweißreiche Fleisch ist sehr nahrhaft, kann aber schnell verderben. Deshalb erhalten Sie Muscheln als Frischware überwiegend in der kühlen Jahreszeit. Ansonsten als Tiefkühlware oder Konserve.

Kauf

- Frische Muscheln nur mit fest verschlossener Schale kaufen. Bereits geöffnete Muscheln wegwerfen, sie sind verdorben.
- Frische Muscheln haben einen frischen Meerwassergeruch.

Vor- und Zubereitung

- Muscheln in reichlich kaltem Wasser gründlich waschen und einzeln abbürsten, bis sie nicht mehr sandig sind (Muscheln, die sich beim Waschen öffnen, sind ungenießbar).
- Eventuell die Byssusfäden/Bartbüschel entfernen.
- Die Muscheln in kochende Flüssigkeit geben und mit Deckel unter gelegentlichem Umrühren so lange (etwa 10 Minuten) darin erhitzen (nicht kochen), bis sie sich öffnen (Muscheln, die sich nach dem Garen nicht öffnen, sind ungenießbar).
- Die Muscheln mit einer Schaumkelle aus der Kochflüssigkeit herausnehmen und in einer vorgewärmten Schüssel anrichten.

Kopffüßer – Exoten auf dem Teller

Tintenfische und seine vielarmigen Verwandten können Sie bei guten Fischhändlern frisch, bereits küchenfertig kaufen. Größtenteils sind Tintenfische tiefgekühlt im Handel. Besonders beliebt ist die in Ringe geschnittene Haut der Tintenfische.

Meeresfrüchte-Mix – praktisch und schnell

Gemischte Meeresfrüchte können Sie frisch oder tiefgekühlt kaufen. Der Mix aus Krusten-, Schaltieren und Tintenfischen eignet sich ideal für Suppen, Salate, Saucen, Nudelgerichte und als Pizzabelag. Geben Sie die tiefgekühlte Mischung vor der Verwendung für 2–3 Minuten in kochendes Salzwasser. Nicht zu lang kochen, sonst werden die Tierchen zäh.

Suppen

Seite 12 – 23

Das werden Sie gerne auslöffeln

Feine Fischsuppe
Fischsuppe mit Linsen
Hummersuppe mit Shrimps
Fisch-Kräutersuppe
Pichelsteiner mit Fisch
Pichelsteiner von Meeresfrüchten
Bouillabaisse (Französische Fischsuppe)
Schnelle Bouillabaisse mit
Knoblauchmayonnaise und Croûtons
Amerikanische Muschelsuppe
Clam showder (Muschelsuppe)

Feine **Fischsuppe**

Zubereitungszeit: 30 Min. | Garzeit: etwa 20 Min. | Pro Portion: E: 19 g, F: 5 g, Kh: 2 g, kJ: 531, kcal: 127 | **Für Gäste**

6 Portionen

100 g	*Fenchelknolle*
100 g	*Möhren*
50 g	*Porree (Lauch)*
2	*Knoblauchzehen*
2 EL	*Speiseöl*
1 l	*Fischbrühe*
500 g	*Fischfilet, z. B. Schellfisch, Kabeljau, Seezunge*
	Salz
	frisch gemahlener Pfeffer
etwas	*Cayennepfeffer*
100 g	*Shrimps*

1. Fenchel und Möhren putzen, waschen, abtropfen lassen und in feine Streifen schneiden. Porree putzen, die Stange längs halbieren und ebenfalls in feine Streifen schneiden. Knoblauch abziehen und klein hacken.
2. Speiseöl in einem Topf erhitzen. Gemüsestreifen und Knoblauch darin andünsten. Fischbrühe hinzugießen, zum Kochen bringen. Die Gemüsestreifen etwa 10 Minuten garen.
3. Fischfilet unter fließendem kalten Wasser abspülen und trockentupfen, evtl. Gräten entfernen. Fischfilet in Würfel schneiden, in die Brühe geben und bei schwacher Hitze etwa 10 Minuten gar ziehen lassen. Die Suppe mit Salz, Pfeffer und Cayennepfeffer würzen.
4. Shrimps unter fließendem kalten Wasser abspülen, trockentupfen, in die Suppe geben und kurz erhitzen.

Fischsuppe mit Linsen

Zubereitungszeit: 30 Min. | Garzeit: etwa 14 Min. | Pro Portion: E: 17 g, F: 4 g, Kh: 10 g, kJ: 646, kcal: 154 | **Für Gäste**

4 Portionen

2	*kleine Fenchelknollen (je etwa 150 g)*
200 g	*Porree (Lauch)*
2 Gläser	*Fischfond (je 400 ml)*
50 g	*rote Linsen*
2	*Lorbeerblätter*
150 g	*Cocktailtomaten*
250 g	*Lachsfilet*
1 Bund	*Dill*
	Salz
	frisch gemahlener Pfeffer
1–2 EL	*Zitronensaft*
evtl. einige	*Dillspitzen*

1 Von den Fenchelknollen die Stiele dicht oberhalb der Knollen abschneiden. Braune Stellen und Blätter entfernen, Wurzelenden gerade schneiden. Die Knollen und das Fenchelgrün waschen, abtropfen lassen. Knollen vierteln und quer in Streifen schneiden. Fenchelgrün beiseite legen.

2 Porree putzen, die Stangen längs halbieren. Porree gründlich waschen, abtropfen lassen und in Streifen schneiden.

3 Den Fischfond in einem Wok zum Kochen bringen. Linsen hinzugeben und aufkochen lassen. Lorbeerblätter, Porree- und Fenchelstreifen hinzufügen, bei mittlerer Hitze etwa 10 Minuten garen.

4 Tomaten waschen, abtrocknen und halbieren. Lachsfilet unter fließendem kalten Wasser abspülen, trockentupfen und in Würfel schneiden. Dill abspülen und trockentupfen. Die Spitzen von den Stängeln zupfen. Spitzen klein schneiden.

5 Beiseite gelegtes Fenchelgrün in Streifen schneiden. Tomatenhälften, Dill, Lachswürfel und Fenchelgrünstreifen in die Suppe geben, kurz aufkochen lassen. Die Zutaten etwa 4 Minuten gar ziehen lassen.

6 Die Suppe mit Salz, Pfeffer und Zitronensaft würzen. Nach Belieben mit Dillspitzen bestreut servieren.

Tipp

Sie können auch TK-Lachsfilet verwenden. Dann das Lachsfilet etwa 1 Stunde vor der Zubereitung antauen lassen.

Hummersuppe mit Shrimps Foto rechts

Zubereitungszeit: 45 Min., ohne Auftauzeit | Garzeit: etwa 30 Min.
Pro Portion: E: 15 g, F: 21 g, Kh: 4 g, kJ: 1301, kcal: 311 | **Mit Alkohol**

4 Portionen

1	*TK-Hummer (600 g)*
4 EL	*Speiseöl*
1	*Zwiebel*
1	*Knoblauchzehe*
3	*Tomaten*
1 EL	*Tomatenmark*
5 EL	*Weinbrand*
400 ml	*Fischfond*
125 ml (1/8 l)	*Weißwein*
125 ml (1/8 l)	*Wasser*
125 g	*Schlagsahne*
	Salz
	frisch gemahlener Pfeffer
1 Prise	*Zucker*
100 g	*Shrimps*

1 Hummer nach Packungsanleitung auftauen lassen. Das Fleisch aus den Scheren und Schalen brechen. Den Darm aus dem Fleisch herausnehmen. Hummerfleisch kurz abspülen, trockentupfen und beiseite stellen. Die Hummerschalen etwas zerkleinern.

2 Speiseöl in einem Topf erhitzen. Hummerschalen hinzugeben und unter Rühren anbraten.

3 Zwiebel und Knoblauch abziehen, in kleine Würfel schneiden, zu den Hummerschalen geben und andünsten. Tomaten waschen, trockentupfen, vierteln, entkernen und die Stängelansätze herausschneiden. Tomaten in Stücke schneiden, mit dem Tomatenmark ebenfalls zu den Hummerschalen geben und mit andünsten.

4 Mit Weinbrand flambieren, mit der Hälfte des Fischfonds, Wein und Wasser ablöschen, etwa 30 Minuten bei schwacher Hitze kochen lassen.

5 Die Suppe durch ein Sieb in einen Topf geben, gut abtropfen lassen. Restlichen Fond und Sahne hinzugießen. Mit Salz, Pfeffer und Zucker würzen.

6 Das beiseite gestellte Hummerfleisch in kleine Stücke schneiden, mit den Shrimps in die Suppe geben und erhitzen.

Fisch-Kräutersuppe

Zubereitungszeit: 30 Min., ohne Auftauzeit | Garzeit: etwa 10 Min.
Pro Portion: E: 17 g, F: 12 g, Kh: 6 g, kJ: 876, kcal: 211 | **Einfach – mit Alkohol**

4 Portionen

300 g	*TK-Fischfilet, z. B. Viktoriabarsch*
150 g	*Zuckerschoten*
750 ml (3/4 l)	*Gemüsebrühe oder Fischfond*
1 Becher (150 g)	*Crème fraîche*
3 EL	*trockener Weißwein*
	Salz
	frisch gemahlener Pfeffer
3 EL	*gehackte Kräuter, z. B. Petersilie, Estragon, Kerbel*

1 Fischfilet nach Packungsanleitung auftauen lassen. Anschließend unter fließendem kalten Wasser abspülen, trockentupfen und in etwa 2 x 2 cm große Würfel schneiden. Zuckerschoten putzen, waschen, abtropfen lassen. Zuckerschoten in kochendem Salzwasser etwa 6 Minuten blanchieren, in eiskaltem Wasser abschrecken und abtropfen lassen. Zuckerschoten mit einem Mixstab pürieren.

2 Brühe oder Fond in einem Topf zum Kochen bringen. Fischwürfel hinzufügen. Zuckerschotenpüree unterrühren. Die Suppe zugedeckt bei schwacher Hitze etwa 10 Minuten köcheln lassen.

3 Crème fraîche und Wein unterrühren. Die Suppe mit Salz und Pfeffer würzen. Kräuter unterrühren. Die Suppe sofort servieren.

Pichelsteiner mit Fisch

Zubereitungszeit: 55 Min. | Garzeit: 25–30 Min. | Pro Portion: E: 39 g, F: 6 g, Kh: 24 g, kJ: 1315, kcal: 314 | **Raffiniert**

4 Portionen

4	*mittelgroße Kartoffeln*
4	*Möhren*
1	*Kohlrabi*
375 g	*Brokkoli*
1 Stange	*Porree (Lauch)*
800 ml	*Fischfond oder -brühe*
	Salz
	frisch gemahlener Pfeffer
	Kerbelblättchen
	Basilikumblättchen
2	*abgezogene Knoblauchzehen*
8	*Garnelen (Hummerkrabben) geschält, entdarmt*
2	*Forellenfilets (ohne Haut)*
400 g	*Rotbarschfilet*
400 g	*Muscheln (Pfahl- oder Venusmuscheln)*

1 Kartoffeln waschen, schälen, abspülen. Möhren und Kohlrabi putzen, schälen, waschen. Kartoffeln, Möhren und Kohlrabi abtropfen lassen, in Stifte schneiden. Vom Brokkoli die Blätter entfernen. Brokkoli waschen, abtropfen lassen und in Röschen teilen. Brokkolistiele schälen und in Stücke schneiden. Porree putzen, die Stange längs halbieren. Porree gründlich waschen, abtropfen lassen und in Ringe schneiden.

2 Fischfond oder -brühe in einem Topf zum Kochen bringen. Vorbereitetes Gemüse hinzufügen. Mit Salz, Pfeffer, Kerbel-, Basilikumblättchen und durchgepresstem Knoblauch würzen. Die Zutaten wieder zum Kochen bringen und etwa 15 Minuten leicht kochen lassen.

3 In der Zwischenzeit Garnelen, Forellenfilets und Rotbarschfilet kurz unter fließendem kalten Wasser abspülen und trockentupfen. Muscheln in kaltem Wasser gründlich waschen und einzeln abbürsten (bereits geöffnete Muscheln sind ungenießbar). Fischfilets in grobe Stücke schneiden.

4 Zunächst Garnelen und Muscheln in die Suppe geben, dann die Fischfiletstücke. Die Suppe vorsichtig umrühren und weitere 10–15 Minuten bei schwacher Hitze gar ziehen lassen. Muscheln, die sich nach dem Garen nicht öffnen, sind ungenießbar.

Pichelsteiner von Meeresfrüchten

Zubereitungszeit: 60 Min. | Garzeit: etwa 10 Min. | Pro Portion: E: 33 g, F: 10 g, Kh: 6 g, kJ: 1060, kcal: 254 | **Etwas teurer**

4 Portionen

2	Möhren
2 Stangen	Staudensellerie
4	große Wirsingblätter
20	kleine Herzmuscheln
12	Miesmuscheln
2 EL	Sonnenblumenöl
500 ml (1/2 l)	Gemüsebrühe
500 ml (1/2 l)	Fischfond
	Salz
1/2 Bund	glatte Petersilie
12	küchenfertige Garnelen
200 g	Lachsfilet, ohne Haut
200 g	weißes Fischfleisch, z. B. Zander oder Seeteufel
	frisch gemahlener Pfeffer

1 Möhren putzen, schälen, waschen, abtropfen lassen und in Scheiben schneiden. Staudensellerie putzen und die harten Außenfäden abziehen. Sellerie waschen, abtropfen lassen und in schräge Stücke schneiden. Wirsingblätter abspülen, trockentupfen und in 1 x 1 cm kleine Quadrate schneiden.
2 Beide Muschelsorten in reichlich kaltem Wasser gründlich waschen und einzeln abbürsten, bis sie nicht mehr sandig sind (Muscheln, die sich beim Waschen öffnen, sind ungenießbar). Evtl. die Fäden (Bartbüschel) entfernen.
3 Sonnenblumenöl in einem hohen Topf erhitzen. Möhrenscheiben, Selleriestücke und Wirsingstückchen darin andünsten. Gemüsebrühe und Fischfond hinzugießen. Mit Salz würzen. Die Zutaten zum Kochen bringen und etwa 5 Minuten köcheln lassen.
4 Petersilie abspülen und trockentupfen. Die Blättchen von den Stängeln zupfen. Blättchen klein schneiden.
5 Garnelen, Lachs- und Fischfilet unter fließendem kalten Wasser abspülen und trockentupfen. Lachs- und weißes Fischfilet in jeweils 12 gleich große Würfel schneiden.
6 Wenn die einzelnen Gemüsesorten weich sind, Herz- und Miesmuscheln hinzugeben, zum Kochen bringen und etwa 5 Minuten bei schwacher Hitze kochen lassen. (Muscheln, die sich nach dem Garen nicht öffnen, sind ungenießbar.) Fischwürfel und Petersilie hinzufügen, weitere 5 Minuten ziehen (nicht mehr kochen) lassen.
7 Die Suppe mit Salz und Pfeffer abschmecken.

Beilage

Roggenbaguettescheiben, mit Butter bestrichen und mit gehackter Petersilie bestreut.

Bouillabaisse *Französische Fischsuppe*

Zubereitungszeit: 60 Min., ohne Abkühlzeit | Pro Portion: E: 24 g, F: 9 g, Kh: 12 g, kJ: 1066, kcal: 255 | **Raffiniert – mit Alkohol**

4 Portionen

200 g	*Rotbarbe*
200 g	*Petersfisch*
200 g	*Sardinen*
1	*Zwiebel*
200 g	*Krevetten oder Gambas*
2	*Lorbeerblätter*
½ l	*trockener Weißwein*
1 l	*Wasser*
1	*Fenchelknolle*
1 Stange	*Porree (Lauch)*
2	*Fleischtomaten*
4	*Schalotten*
2	*Knoblauchzehen*
2–3 EL	*Olivenöl*
4 cl	*trockener Wermut*
4 cl	*Pernod*
	Salz
	frisch gemahlener Pfeffer
200 g	*Muschelfleisch*

1 Die einzelnen Fischsorten unter fließendem kalten Wasser abspülen und trockentupfen. Die Filets jeweils heraustrennen. Gräten und Köpfe für den Fond beiseite legen.
2 Zwiebel abziehen, zuerst in Scheiben schneiden, dann in Ringe teilen.
3 Krevetten oder Gambas in kochendem Wasser mit Lorbeerblättern und Zwiebelringen etwa 3 Minuten blanchieren. Krevetten oder Gambas mit einem Schaumlöffel herausnehmen, etwas abkühlen lassen und aus den Schalen lösen.
4 Beiseite gelegte Gräten, Fischköpfe und die Schalen der Krevetten oder Gambas andünsten, mit Wein ablöschen. 1 l Wasser zugeben, zum Kochen bringen, abschäumen und auf etwa 1 Liter Flüssigkeit einkochen lassen. Anschließend den Fischfond durch ein feines Sieb gießen.
5 Fenchel putzen und waschen. Porree putzen, die Stange längs halbieren, waschen, abtropfen lassen und in Ringe schneiden. Tomaten waschen, trockentupfen. Schalotten und Knoblauch abziehen. Vorbereitetes Gemüse in Würfel schneiden. Die einzelnen Fischsorten in Stücke schneiden.
6 Olivenöl in einem Topf erhitzen. Gemüsewürfel darin andünsten. Fischfond, Wermut und Pernod hinzugießen, mit Salz und Pfeffer abschmecken.
7 Fischstücke, Krevetten, Gambas und Muschelfleisch hinzufügen und etwa 5 Minuten bei schwacher Hitze ziehen lassen.

Tipp

Möglichst kleine Fische verwenden, die durch ihren hohen Anteil an Haut und Gräten mehr Geschmack geben.

Beilage

Baguette mit Knoblauchbutter.

Schnelle Bouillabaisse mit Knoblauchmayonnaise und Croûtons

Zubereitungszeit: 40 Min. | Garzeit: Bouillabaisse etwa 20 Min. | Pro Portion: E: 36 g, F: 60 g, Kh: 39 g, kJ: 3505, kcal: 837 | **Für Gäste**

4 Portionen

2 Möhren
1 Stange Porree (Lauch)
2 EL Olivenöl
2 getrocknete Chilischoten
1 Glas (800 ml) Fischsuppenkonzentrat (erhältlich beim Fischhändler)
800 ml kaltes Wasser

½ Baguette
2 EL Olivenöl

12 küchenfertige Garnelen
8 Jakobsmuscheln (ausgelöstes Muschelfleisch)
200 g Seeteufelfilet
200 g Lachsfilet (ohne Haut und Gräten)
Salz
frisch gemahlener Pfeffer
1 Pck. (25 g) TK-Mediterrane Kräuter (8-Kräuter-Mischung)

1 Glas (250 g) Aioli (Knoblauchmayonnaise)

1. Möhren putzen, schälen, waschen, abtropfen lassen und in dünne Scheiben schneiden. Porree putzen, die Stange längs halbieren, gründlich waschen, abtropfen lassen und in Ringe schneiden.
2. Olivenöl in einem Topf erhitzen. Möhrenscheiben und Porreeringe darin andünsten. Chilischoten zerbröseln und mit andünsten. Fischsuppenkonzentrat und Wasser hinzugeben, zum Kochen bringen und bei schwacher Hitze etwa 10 Minuten kochen lassen.
3. Baguette in Scheiben schneiden und mit Olivenöl bestreichen. Baguettescheiben auf ein Backblech legen. Das Backblech in den Backofen schieben und die Baguettescheiben goldbraun backen.

   Ober-/Unterhitze: etwa 180 °C (vorgeheizt)
   Heißluft: etwa 160 °C (vorgeheizt)
   Gas: Stufe 2–3 (vorgeheizt)
   Backzeit: etwa 10 Minuten.

4. Garnelen, Jakobsmuscheln, Seeteufel und Lachsfilet unter fließendem kalten Wasser abspülen und trockentupfen. Seeteufel- und Lachsfilet in jeweils 8 Portionen schneiden. Die einzelnen Fischsorten mit Salz und Pfeffer bestreuen, vorsichtig in die köchelnde Suppe gleiten lassen und etwa 10 Minuten ziehen lassen. Anschließend mit Salz und Pfeffer abschmecken, Kräuter unterrühren.
5. Die Bouillabaisse mit den gerösteten Baguettescheiben und der Knoblauchmayonnaise servieren.

Amerikanische **Muschelsuppe**

Zubereitungszeit: 70 Min. | Garzeit: etwa 20 Min.
Pro Portion: E: 6 g, F: 8 g, Kh: 6 g, kJ: 644, kcal: 154 | **Raffiniert – mit Alkohol**

6 Portionen

1 kg	*Venusmuscheln*
600 ml	*Fischfond*
200 ml	*Weißwein*
40 g	*Butter*
2 EL	*Frühstücksspeckwürfel*
2 EL	*grüne Paprikawürfel*
2 EL	*gelbe Paprikawürfel*
2 EL	*Zwiebelwürfel*
4 EL	*Kartoffelwürfel*
200 ml	*Milch*
	Salz
	frisch gemahlener Pfeffer
	geriebene Muskatnuss
2 EL	*gehackte Petersilie*
2 EL	*Tomatenwürfel*

1. Muscheln in reichlich kaltem Wasser gründlich waschen, einzeln abbürsten, bis sie nicht mehr sandig sind. (Muscheln, die sich beim Waschen öffnen, sind ungenießbar.)
2. Fischfond mit Wein in einem hohen Topf zum Kochen bringen. Die Muscheln darin maximal 5 Minuten kochen lassen, bis sie sich öffnen (Muscheln, die sich nach dem Kochen nicht öffnen, sind ungenießbar).
3. Muscheln in ein Sieb geben und den Fond dabei auffangen. Das Muschelfleisch aus den Schalen lösen und beiseite stellen.
4. Butter in einer Pfanne zerlassen, Speckwürfel darin auslassen. Paprika-, Zwiebel- und Kartoffelwürfel hinzufügen und mit andünsten. Aufgefangenen Muschelfond und Milch hinzugießen, zum Kochen bringen und etwa 15 Minuten kochen lassen. Mit Salz, Pfeffer und Muskat würzen.
5. Petersilie, beiseite gestelltes Muschelfleisch und Tomatenwürfel in die Suppe geben und mit erhitzen.

Clam showder *Muschelsuppe*

Zubereitungszeit: 45 Min., ohne Auftauzeit | Garzeit: 35–45 Min.
Pro Portion: E: 15 g, F: 12 g, Kh: 20 g, kJ: 1054, kcal: 252 | **Gut vorzubereiten**

6 Portionen

400 g	*TK-Chowder Clam-Muschelfleisch*
100 g	*mild geräucherter Speck*
1	*Zwiebel*
1 kleine Stange	*Porree (Lauch)*
3	*große Kartoffeln*
4 Stängel	*Thymian*
	Salz
	frisch gemahlener Pfeffer
2 EL	*Sonnenblumenöl*
1 l	*Hühnerbrühe*
500 ml (1/2 l)	*Milch*

1 Clam-Muschelfleisch nach Packungsanweisung auftauen lassen. Muschelfleisch kurz unter fließendem kalten Wasser abspülen, trockentupfen und grob würfeln.
2 Speck in kleine Würfel schneiden. Zwiebel abziehen und ebenfalls klein würfeln. Porree putzen, die Stange längs halbieren. Porree gründlich waschen, abtropfen lassen und in Ringe schneiden. Kartoffeln waschen, schälen, abspülen, abtropfen lassen und in etwa 1 x 1 cm große Würfel schneiden. Thymian abspülen und trockentupfen. Die Blättchen von den Stängeln zupfen.
3 Muschelfleisch mit Porreeringen und Kartoffelwürfeln mischen, Thymianblättchen untermengen. Mit Salz und Pfeffer würzen.
4 Sonnenblumenöl in einem weiten, flachen Topf erhitzen. Zwiebel- und Speckwürfel darin andünsten. Muschel-Kartoffel-Mischung hinzugeben. Hühnerbrühe und Milch hinzugießen.
5 Den Topf mit dem Deckel verschließen und auf dem Rost in den Backofen schieben.

Ober-/Unterhitze: etwa 200 °C (vorgeheizt)
Heißluft: etwa 180 °C (vorgeheizt)
Gas: Stufe 3–4 (vorgeheizt)
Garzeit: 35–45 Minuten (die Kartoffelwürfel sollen gar, aber nicht zerfallen sein).

Beilage

Ofenfrisches Baguette.

Vorspeisen

Sushi und feine Häppchen vorweg

Lachstatar auf dunklem Brot

Zubereitungszeit: 25 Min.
Pro Portion: E: 13 g, F: 7 g, Kh: 13 g, kJ: 706, kcal: 169
Schnell – mit Alkohol

2–3 Portionen

Für das Lachstatar:

100 g	*grob gehackter, frischer Lachs (ohne Gräten)*
½	*zerkleinertes Sardellenfilet*
½	*fein gehackte Schalotte*
1 EL	*Crème fraîche*
5 Tropfen	*Cognac*
1 TL	*gehackte Petersilie*
	Salz
	frisch gemahlener, weißer Pfeffer
8	*Pumpernickeltaler*
50 g	*Lachskaviar*

1. Für das Tatar Lachs mit Sardellenstückchen, Schalottenwürfeln, Crème fraîche, Cognac und Petersilie vermischen. Mit Salz und Pfeffer würzen.
2. Das Tatar auf den Pumpernickeltalern verteilen und mit etwas Lachskaviar garnieren.

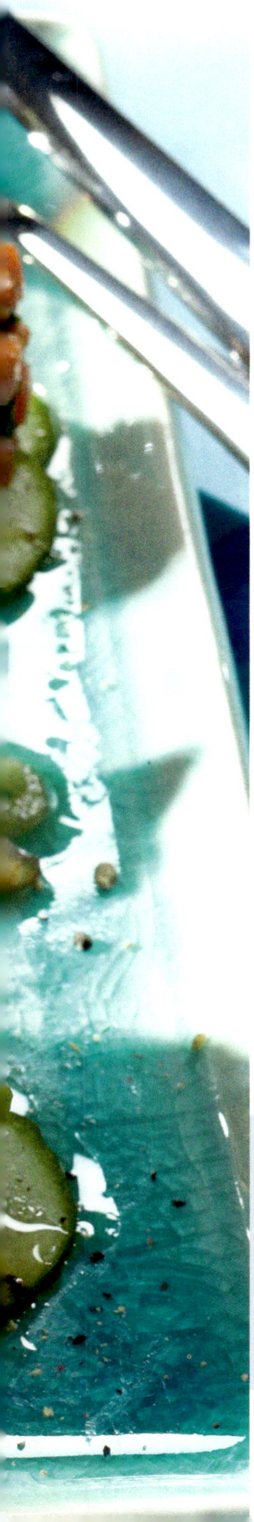

Angebratenes Lachstatar mit neuen Kartoffeln **Foto links**

Zubereitungszeit: 45 Min. | Garzeit: Kartoffeln etwa 50 Min.
Pro Portion: E: 33 g, F: 36 g, Kh: 31 g, kJ: 2423 , kcal: 580 | **Raffiniert – für Gäste**

4 Portionen

600 g	*neue Kartoffeln*
	Meersalz
	grob gemahlener, schwarzer Pfeffer
2–3 EL	*Olivenöl*
6	*Schalotten*
600 g	*Lachsfilet, ohne Haut und Gräten*
1	*säuerlicher Apfel (etwa 200 g)*
1	*kleine Bio-Salatgurke (etwa 200 g)*
1 Bund	*Dill*
4 EL	*Walnussöl*
	Saft von
1	*Zitrone*
125 g	*Crème fraîche*

1 Kartoffeln gründlich waschen, trockentupfen und halbieren. Die Schnittflächen mit Salz und Pfeffer bestreuen, mit Olivenöl bestreichen. Kartoffelhälften auf einem Backblech verteilen. Das Backblech in den Backofen schieben.

Ober-/Unterhitze: etwa 200 °C (vorgeheizt)
Heißluft: etwa 180 °C (nicht vorgeheizt)
Gas: Stufe 3–4 (nicht vorgeheizt)
Garzeit: etwa 50 Minuten.

2 Schalotten abziehen. 3 Schalotten zuerst in Scheiben schneiden, dann in Ringe teilen. Restliche Schalotten klein würfeln. Die Schalottenringe nach der Hälfte der Garzeit zu den Kartoffelhälften geben und mitgaren lassen.

3 Lachsfilet unter fließendem kalten Wasser abspülen, trockentupfen und in sehr kleine Würfel schneiden. Apfel waschen, abtrocknen, vierteln, entkernen und mit der Schale in sehr kleine Würfel schneiden. Gurke waschen, trockentupfen und die Enden abschneiden. Von der Gurke (mit Schale) 24 dünne Scheiben abschneiden und beiseite legen. Restliche Gurke in kleine Würfel schneiden und in eine Schüssel geben. Lachsfilet- und Apfelwürfel untermischen.

4 Dill abspülen und trockentupfen (einen Dillzweig zum Garnieren beiseite legen). Die Spitzen von den Stängeln zupfen. Spitzen klein schneiden.

5 Lachstatar mit Salz und Pfeffer kräftig würzen. Walnussöl und Dill untermischen, mit Zitronensaft abschmecken.

6 Lachstatar in 4 gleich große Portionen teilen. 4 runde Ausstechformen (Ø 6–8 cm) auf ein Backblech stellen. Lachstatar hineingeben und fest andrücken.

7 Olivenöl in einer Pfanne erhitzen. Lachstatar (in den Ausstechformen) in die Pfanne geben, dann Ausstechformen vorsichtig hochziehen und entfernen. Lachstatar kurz von beiden Seiten anbraten.

8 Jeweils 6 der beiseite gelegten Gurkenscheiben in Form eines Kreises auf Tellern anrichten. Lachstatar vorsichtig mit einem Pfannenwender aus der Pfanne nehmen und in die Mitte des Gurkenkreises setzen. Mit dem beiseite gelegten Dillzweig garnieren. Mit den gebackenen Kartoffelhälften und Crème fraîche servieren.

Tipp

Sie können auch TK-Lachsfilet verwenden. Dann das Lachsfilet nach Packungsanleitung auftauen lassen, abspülen und gut trockentupfen.

Lachs, mariniert

Zubereitungszeit: 30 Min. ohne Marinierzeit | Pro Portion: E: 25 g, F: 9 g, Kh: 0 g, kJ: 729, kcal: 175 | **Gut vorzubereiten**

6 Portionen

2 kleine Seiten	*Lachs (je etwa 400 g)*
4 Bund	*Dill*
500 g	*grobes Salz*
2 EL	*Senfkörner*
1 TL	*gestoßene Pfefferkörner*
200 g	*kleine Möhrenwürfel*
200 g	*Frühlingszwiebeln, in Ringe geschnitten*
1	*Lorbeerblatt*
3	*Nelken*
5	*Wacholderbeeren*
	vorbereitete Salatblätter
	Cocktailtomaten
	Dillspitzen

1 Lachs unter fließendem kalten Wasser abspülen und trockentupfen. Lachs mit einer Pinzette oder einer kleinen Zange von den Gräten befreien.
2 Dill abspülen und trockentupfen. Die Spitzen von den Stängeln zupfen. Spitzen grob hacken.
3 Ein Backblech oder ein Tablett mit einer Schicht grobem Salz versehen, den entgräteten Lachs mit der Hautseite darauf legen.
4 Dill und restliche Zutaten im Mörser zerstoßen und mischen. Die Masse auf dem Lachs verteilen, andrücken und mit etwas Salz bestreuen. Den Lachs mit Klarsichtfolie komplett einpacken und im Kühlschrank etwa 48 Stunden marinieren. Klarsichtfolie entfernen.
5 Den Lachs in Scheiben schneiden und auf einer Platte anrichten. Mit Salatblättern, Cocktailtomatenhälften und Dillspitzen garniert servieren.

Tipp

Zu dem Lachs, der in hauchdünne Scheiben geschnitten wird, reicht man eine Sauce, bestehend aus 1 Esslöffel süßen Senf, 4 Esslöffeln Delikatessmayonnaise, 1 Esslöffel flüssigen Bienenhonig, etwas Sherry, abgeschmeckt mit Salz und Pfeffer.

Zitrusgebeizter **Lachs**

Zubereitungszeit: 30 Min., ohne Marinierzeit
Pro Portion: E: 21 g, F: 7 g, Kh: 0 g, kJ: 629, kcal: 151 | **Raffiniert – für Gäste**

6–8 Portionen

800 g	*Lachsfilet, ohne Haut und Gräten*
40 g	*Salz*
80 g	*Zucker*
6	*Bio-Zitronen (unbehandelt, ungewachst)*
2–3 EL	*Zitronenpfeffer*
4 EL	*Schnittlauchröllchen*

1 Lachsfilet unter fließendem kalten Wasser abspülen und trockentupfen. Salz und Zucker gut vermischen.
2 Die Hälfte der Salz-Zucker-Mischung auf dem Boden einer länglichen Form mit hohem Rand verteilen. Lachsfilets darauf legen und mit der restlichen Salz-Zucker-Mischung bestreuen.
3 Zitronen heiß abwaschen und abtrocknen. Die Schale mit einem Zestenreißer schälen oder die Schale mit einer kleinen Reibe abreiben. Die Zitronen auspressen.
4 Den Zitronensaft um das Lachsfilet gießen. Der Lachs sollte mindestens bis zur Hälfte, höchstens aber bis zu $^2/_3$ im Zitronensaft liegen. (Richtige Form aussuchen!)
5 Zitronenschale auf dem Lachsfilet verteilen und mit Zitronenpfeffer bestreuen. Die Form mit Klarsichtfolie zudecken und etwa 48 Stunden im Kühlschrank durchziehen lassen, evtl. zwischendurch mit der Marinade begießen.
6 Die Zitronenmarinade abgießen. Lachsfilet mit Schnittlauchröllchen bestreuen und in etwa 5 mm dicke Scheiben schneiden.

Tipp

Durch die Säure wirkt der Lachs äußerlich wie gegart, sollte aber im Kern noch glasig sein. Zitrusgebeizter Lachs mit Crème fraîche und Blattsalaten als Vorspeise servieren.

Miesmuscheln mit Oliven und Sardellen

Zubereitungszeit: 30 Min. | Pro Portion: E: 20 g, F: 15 g, Kh: 12 g, kJ: 1112, kcal: 266 | **Preiswert**

4–6 Portionen

800 g	*Miesmuschelfleisch, gekocht in Lake*
6	*große, reife Tomaten*
2	*Knoblauchzehen*
4	*Schalotten*
2 Stangen	*Staudensellerie*
1	*große Möhre*
1 Bund	*glatte Petersilie*
8	*Sardellenfilets*
3 EL	*Olivenöl*
250 ml ($^{1}/_{4}$ l)	*Fischfond*
20	*grüne Oliven*
20	*rötliche Oliven*
	frisch gemahlener Pfeffer
	Zitronensaft
	Salz

1 Muschelfleisch in ein Sieb geben, mit kaltem Wasser übergießen und abtropfen lassen.
2 Tomaten waschen, kreuzweise einschneiden und einige Sekunden in kochendes Wasser legen. Tomaten kurz in kaltem Wasser abschrecken, enthäuten, vierteln, entkernen und Stängelansätze entfernen. Tomatenviertel würfeln.
3 Knoblauch und Schalotten abziehen. Knoblauch in dünne Scheiben schneiden. Schalotten zuerst in Scheiben schneiden, dann in Ringe teilen.
4 Staudensellerie putzen und die harten Außenfäden abziehen. Sellerie waschen, abtropfen lassen und in Würfel schneiden. Möhre putzen, schälen, waschen, abtropfen lassen und ebenfalls klein würfeln. Petersilie abspülen und trockentupfen. Die Blättchen von den Stängeln zupfen. Blättchen klein schneiden. Sardellenfilets grob hacken.
5 Olivenöl in einem weiten Topf erhitzen. Knoblauchscheiben und Schalottenringe darin andünsten. Sellerie- und Möhrenwürfel hinzufügen und mit andünsten. Fischfond hinzugießen und zum Kochen bringen. Sellerie- und Möhrenwürfel so lange dünsten lassen, bis sie weich sind.
6 Muschelfleisch, grüne und rötliche Oliven zu der Gemüsemasse geben. Mit Pfeffer kräftig würzen. Das Muschelfleisch und die Oliven unter Rühren erhitzen. Tomatenspalten, Sardellenstückchen und Petersilie unterrühren, 2–3 Minuten bei schwacher Hitze kochen lassen. Mit Zitronensaft, Salz und Pfeffer abschmecken.

Wichtig: Vorsichtig mit Salz würzen, da die Sardellen salzig sind.

Austern im Serranomantel

Zubereitungszeit: 40 Min. | Garzeit: 3–4 Min.
Pro Portion: E: 2 g, F: 1 g, Kh: 1 g, kJ: 81, kcal: 19 | **Für Gäste – etwas teurer**

12 kleine Spieße

12	*Austern*
6 Scheiben	*Serranoschinken*
1 EL	*Olivenöl*
2 EL	*Butter*
	frisch gemahlener Pfeffer

Zum Garnieren:

1	*Bio-Zitrone (unbehandelt, ungewachst)*
	vorbereitete, glatte Petersilie

Außerdem:

12	*Holzstäbchen*

1 Austern gründlich waschen, mit dem so genannten Austernbrecher öffnen. Die Austern dazu in die linke Hand nehmen (stark gewölbte Schale nach unten). Den Austernbrecher zwischen die Schalen stecken, leicht auf und ab bewegen. Das Muschelfleisch aus den Schalen lösen.
2 Schinkenscheiben längs halbieren. Die Schinkenstreifen mit je 1 Auster belegen, einwickeln und auf ein Holzstäbchen stecken.
3 Olivenöl in einer Pfanne erhitzen, Butter hinzufügen und aufschäumen lassen. Die eingewickelten Austern darin unter ständigem Rütteln der Pfanne in 3–4 Minuten leicht bräunen, herausnehmen und mit Pfeffer bestreuen.
4 Zum Garnieren Zitrone waschen, abtrocknen und vierteln. Die Austernspieße mit Zitronenspalten und Petersilie garniert servieren.

Tipp

Austern müssen beim Einkauf geschlossen sein. Offene Austern wegwerfen, da sie meist tot und gesundheitsschädlich sind.

Jakobsmuscheln auf asiatischem Zuckerschotensalat

Zubereitungszeit: 30 Min., ohne Auftauzeit | Garzeit: 4–6 Min.
Pro Portion: E: 8 g, F: 11 g, Kh: 13 g, kJ: 765, kcal: 182 | **Raffiniert**

2 Portionen

6	*TK-Jakobsmuscheln (ausgelöstes Muschelfleisch)*
120 g	*Zuckerschoten*
1	*große, rote Chilischote*
2 EL	*Sesamöl*
2 EL	*Fischsauce (erhältlich im Asialaden)*
2 EL	*Ketjap Manis (süße Sojasauce)*
	Salz
	frisch gemahlener Pfeffer
2 EL	*Speiseöl zum Anbraten*
1 Topf	*Koriander*

1 Jakobsmuscheln nach Packungsanleitung auftauen lassen. Von den Zuckerschoten die Enden abschneiden, evtl. abfädeln. Zuckerschoten waschen und in kochendem Salzwasser etwa 2 Minuten blanchieren. Anschließend in eiskaltem Wasser abschrecken und abtropfen lassen. Zuckerschoten in lange, dünne Streifen schneiden. Chilischote waschen, trockentupfen, längs halbieren und entkernen. Chilischotenhälften ebenfalls in Streifen schneiden.

2 Zuckerschoten- und Chilistreifen in einer Schüssel mischen. Sesamöl mit Fischsauce und Ketjap Manis verrühren, mit Salz und Pfeffer würzen. Die Marinade zu der Zuckerschoten-Chilistreifen-Mischung geben und untermengen.

3 Die Jakobsmuscheln evtl. kurz unter fließendem kalten Wasser abspülen und trockentupfen. Speiseöl in einer Pfanne erhitzen. Die Muscheln von jeder Seite 2–3 Minuten anbraten, herausnehmen, mit Salz und Pfeffer würzen.

4 Koriander abspülen und trockentupfen. Die Blättchen von den Stängeln zupfen.

5 Den Zuckerschotensalat auf 2 Tellern verteilen. Je 3 Muscheln darauf anrichten und großzügig mit den Korianderblättchen garniert servieren.

Venusmuscheln in Mandelbutter

Zubereitungszeit: 45 Min. Garzeit: Muscheln: etwa 10 Min. | Gratinierzeit: etwa 5 Min.
Pro Portion: E: 6 g, F: 22 g, Kh: 4 g, kJ: 993, kcal: 237 | **Mit Alkohol**

4–6 Portionen

1 kg	*große Venusmuscheln*
1	*Zwiebel*
1	*Möhre*
2	*Thymianstängel*
4 EL	*Olivenöl*
125 ml (1/8 l)	*Weißwein*
125 ml (1/8 l)	*Wasser*

Für die Mandelbutter:

1	*kleine Knoblauchzehe*
	Schale und Saft von
1	*Bio-Zitrone (unbehandelt, ungewachst)*
100 g	*weiche Butter*
3 EL	*abgezogene, gemahlene Mandeln*
2 EL	*gehackte Petersilie*
	Salz
	frisch gemahlener Pfeffer
	grobes Meersalz für das Backblech

1 Muscheln in reichlich kaltem Wasser gründlich waschen und einzeln abbürsten, bis sie nicht mehr sandig sind (Muscheln, die sich beim Waschen öffnen, sind ungenießbar). Evtl. die Fäden (Bartbüschel) entfernen.
2 Zwiebel abziehen und in kleine Würfel schneiden. Möhre putzen, schälen, waschen, abtropfen lassen und in dünne Scheiben schneiden. Thymian abspülen und trockentupfen.
3 Olivenöl in einem Topf erhitzen. Zwiebelwürfel und Möhrenscheiben darin andünsten. Muscheln, Thymian, Weißwein und Wasser hinzufügen. Die Zutaten zum Kochen bringen und zugedeckt etwa 10 Minuten dünsten, bis alle Muscheln geöffnet sind (Muscheln, die sich nach dem Garen nicht öffnen, sind ungenießbar).
4 Für die Mandelbutter Knoblauch abziehen und durch eine Knoblauchpresse drücken. Zitrone heiß abwaschen und trockenreiben. Saft auspressen. Butter mit Mandeln, Petersilie und Knoblauch zu einer geschmeidigen Masse verrühren. Zitronenschale unterrühren. Die Butter mit Salz, Pfeffer und etwas Zitronensaft abschmecken.
5 Ein Backblech mit Meersalz bestreuen. Die geöffneten Muscheln großzügig mit der Mandelbutter bestreichen und nebeneinander auf das Backblech setzen, damit sie nicht umkippen.
6 Das Backblech in den Backofen schieben. Die Muscheln unter dem vorgeheizten Backofengrill in etwa 5 Minuten goldgelb gratinieren. Muscheln sofort servieren.

Gefüllte **Calamari**

Zubereitungszeit: 1 Std., ohne Auftauzeit | Garzeit: TK-Calamari 10–12 Min., frische Calamari 6–8 Min.
Pro Portion: E: 23 g, F: 40 g, Kh: 23 g, kJ: 2340, kcal: 559 | **Mit Alkohol**

4 Portionen

400 g	TK-Calamarituben oder 600 g küchenfertige kleine Calamarituben
3	Schalotten
2	Knoblauchzehen
1 Bund	glatte Petersilie
1	Bio-Zitrone (unbehandelt, ungewachst)
100 ml	Olivenöl
6 EL	Semmelbrösel
	Salz
	frisch gemahlener Pfeffer
	Zitronensaft
2 EL	Olivenöl
2 EL	Butter
100 ml	Fischfond oder Gemüsebrühe
50 ml	Noilly Prat (Wermut) oder Ricard (Anisschnaps)
	Zitronenspalten
	vorbereitete, glatte Petersilie

Außerdem:

	Holzstäbchen

1 Calamarituben nach Packungsanleitung auftauen lassen. Calamarituben unter fließendem kalten Wasser abspülen und trockentupfen.
2 Schalotten und Knoblauch abziehen. Schalotten in kleine Würfel schneiden und Knoblauch durch eine Knoblauchpresse drücken. Petersilie abspülen und trockentupfen. Die Blättchen von den Stängeln zupfen. Blättchen klein schneiden. Zitrone heiß abwaschen und abtrocknen. Die Schale mit einem Zestenreißer abschälen oder die Schale mit einer kleinen Reibe abreiben. Zitrone auspressen.
3 Reichlich Olivenöl in einer Pfanne erhitzen. Schalotten- und Knoblauchwürfel darin andünsten. Semmelbrösel hinzufügen und unter Rühren 2–3 Minuten mitdünsten lassen. Petersilie und Zitronenschale unterrühren. Mit Salz, Pfeffer und Zitronensaft abschmecken. Die Masse mit einem Teelöffel in die Calamarituben füllen und mit Holzstäbchen feststecken.
4 Olivenöl mit der Butter in einem Topf erhitzen. Die Calamarituben hinzufügen und von allen Seiten anbraten. Fischfond und Noilly Prat oder Ricard hinzugießen und zum Kochen bringen. Frische Calamarituben zugedeckt in 6–8 Minuten (TK-Calamarituben in 10–12 Minuten) weich schmoren lassen. Calamarituben in dem Sud mit Zitronenspalten und Petersilie garniert servieren.

Beilage

Ofenfrisches Baguette.

Atlantikzungenrouladen mit Möhren und Zucchini

Zubereitungszeit: 45 Min., ohne Auftauzeit | Garzeit: etwa 15 Min. | Pro Portion: E: 30 g, F: 6 g, Kh: 2 g, kJ: 889, kcal: 212 | **Mit Alkohol**

6 Portionen

12 TK-Atlantikzungenfilets oder frisches Atlantikzungenfilet (etwa 1 kg)
1–2 große Möhren
1 mittelgroße Zucchini
Salz
frisch gemahlener Pfeffer
2 EL Pesto (aus dem Glas)
200 ml trockener Weißwein

Außerdem:
Holzstäbchen

1 Atlantikzungenfilets nach Packungsanleitung auftauen lassen.
2 Möhren putzen, schälen, waschen und abtropfen lassen. Zucchini waschen, abtrocknen und die Enden abschneiden. Möhren und Zucchini mit einer Aufschnittmaschine oder mit einem Messer längs jeweils in etwa 2 mm dicke Scheiben schneiden (wenn die Scheiben zu dick sind, lassen sie sich nicht einrollen).
3 Möhren- und Zucchinischeiben in kochendem Salzwasser vorsichtig blanchieren (nicht zu weich!). Zucchini- und Möhrenscheiben in eiskaltem Wasser abschrecken, abtropfen lassen und trockentupfen.
4 Atlantikzungenfilets unter fließendem kalten Wasser abspülen, trockentupfen und längs halbieren. Filets von beiden Seiten mit Salz und Pfeffer bestreuen. Die Hautseite der Filets dünn mit Pesto bestreichen.
5 Jeweils 12 Atlantikzungenfilets mit Möhrenscheiben und 12 Atlantikzungenfilets mit Zucchinischeiben belegen (evtl. die Gemüsescheiben in Breite der Filets schneiden). Die Filets fest aufrollen und mit Holzstäbchen feststecken (fixieren).
6 Die Fischrouladen in eine feuerfeste Form (gefettet) setzen, Weißwein hinzugießen. Die Form auf dem Rost in den Backofen schieben.

Ober-/Unterhitze: etwa 160 °C (vorgeheizt)
Heißluft: etwa 140 °C (vorgeheizt)
Gas: Stufe 1–2 (vorgeheizt)
Garzeit: etwa 15 Minuten.

Tipp

Die Atlantikzungenrouladen mit knackigen Blattsalaten und ofenfrischem Baguette als Vorspeise reichen (1–2 Rouladen pro Portion). Oder Atlantikzungenrouladen mit Orangenlinsen (Linsengemüse mit abgeriebener Orangenschale von 1 Bio-Orange abgeschmeckt) und Currysauce als Hauptgang servieren.

Ceviche von Lachs und Zander

Zubereitungszeit: 30 Min., ohne Marinierzeit | Pro Portion: E: 38 g, F: 17 g, Kh: 3 g, kJ: 1345, kcal: 321 | **Raffiniert**

2 Portionen

200 g	*frisches Lachsfilet (ohne Haut und Gräten)*
200 g	*frisches Zanderfilet (ohne Haut und Gräten)*
5	*Limetten*
½ gestr. TL	*Salz*
1	*große, rote Chilischote*
2	*dünne Frühlingszwiebeln*
2 EL	*Olivenöl*
	Salz
	frisch gemahlener Pfeffer
6 Stängel	*Koriander*

1 Lachs- und Zanderfilet unter fließendem kalten Wasser abspülen, trockentupfen und in gleich große Stücke (etwa 2 x 1 cm) schneiden. Die Fischstücke in eine flache Schale legen.

2 Limetten heiß abwaschen und trockenreiben. Von 2 Limetten die Schale mit einem Zestenreißer abschälen oder die Schale mit einer kleinen Reibe abreiben. Die Limetten (5 Stück) auspressen. Limettensaft mit Salz verrühren und über die Fischwürfel gießen. Fischwürfel mit Klarsichtfolie zudecken und im Kühlschrank etwa 4 Stunden marinieren.

3 Die marinierten Fischwürfel in einem Sieb abtropfen lassen. Die angesammelte Flüssigkeit weggießen.

4 Chili abspülen, trockentupfen, längs halbieren und entkernen. Chilihälften in sehr kleine Würfel schneiden. Frühlingszwiebeln putzen, waschen, abtropfen lassen und in feine Ringe schneiden.

5 Olivenöl mit Chiliwürfeln, Frühlingszwiebelringen und Limettenschale verrühren. Fischwürfel hinzufügen und gut untermischen. Mit Salz und Pfeffer abschmecken.

6 Koriander abspülen und trockentupfen. Ceviche mit Korianderstängeln garniert sofort servieren.

Tipp

Zander ist ein Sußwasserfisch der weißes, zartes und wohlschmeckendes Fleisch besitzt. Größere Fische eignen sich zum Füllen. Fischfilets zum Dünsten, Braten oder Grillen.

Makisushi mit Tunfisch

Zubereitungszeit: 60 Min. | Garzeit: etwa 15 Min. | Pro Portion: E: 4 g, F: 2 g, Kh: 12 g, kJ: 329, kcal: 79 | **Raffiniert**

18 Makisushi

2 Tassen	*Sushireis*
gut	
2 Tassen	*Wasser*
3 EL	*Reisessig*
1/2 gestr. TL	*Salz*
1/2 TL	*Zucker*
200 g	*ganz frisches Tunfischfilet (möglichst ein langes, etwa 5 cm breites Stück)*
4 Blätter	*getrocknete Norialgen (erhältlich im Asialaden oder in der Spezialitätenabteilung)*

Außerdem:

2 EL	*Sojasauce*
1 EL	*Wasabipaste (erhältlich im Asialaden)*
1 kleines Glas	*eingelegter Ingwer (Abtropfgewicht 125 g)*

1. Sushireis in einem Sieb unter fließendem Wasser so lange abspülen, bis das Wasser klar abläuft. Anschließend mit gut 2 Tassen Wasser in einem Topf zum Kochen bringen. Den Reis zugedeckt bei schwacher Hitze etwa 15 Minuten garen. Den Topf von der Kochstelle nehmen. Den Reis weitere 15 Minuten im Topf ziehen lassen.
2. Reisessig erwärmen, Salz und Zucker darin unter Rühren auflösen. Den gegarten Reis in ein flaches Gefäß (nach Möglichkeit ein Holzgefäß) geben. Die Essiglösung möglichst ohne zu rühren unterarbeiten (schwenken). Den Reis mit einem feuchten Tuch zudecken.
3. Tunfisch unter fließendem kalten Wasser abspülen, trockentupfen und in 4 gleich lange Streifen schneiden.
4. Ein Noriblatt auf eine Sushimatte legen. Ein Viertel der Reismasse darauf verteilen. Einen Streifen Tunfisch in die Mitte des Blattes legen und zu einer festen Rolle aufrollen. Mit den restlichen Noriblätter ebenso verfahren. Die Rollen in jeweils 4–5 Makiröllchen schneiden.
5. Sojasauce mit Wasabipaste verrühren. Sushis mit dem eingelegten Ingwer und der Sauce servieren.

Nigirisushi mit Lachs

Zubereitungszeit: 50 Min. | Garzeit: etwa 15 Min. | Pro Portion: E: 3 g, F: 1 g, Kh: 11 g, kJ: 277, kcal: 66 | **Für Gäste – gut vorzubereiten**

18 Nigirisushi

2 Tassen	*Sushireis (erhältlich im Asialaden)*
gut	
2 Tassen	*Wasser*
3 EL	*Reisessig*
½ gestr. TL	*Salz*
½ TL	*Zucker*
200 g	*ganz frisches Lachsfilet (möglichst ein etwas 5 cm breites, langes Stück)*
2–3 TL	*Wasabipaste (erhältlich im Asialaden)*
1 EL	*Sojasauce*
1 kleines	
Glas	*eingelegter Ingwer (Abtropfgewicht 125 g)*

1 Den Reis in einem Sieb unter fließendem kalten Wasser so lange abspülen, bis das Wasser klar abläuft. Anschließend gut 2 Tassen Wasser in einem Topf zum Kochen bringen. Den Reis zugedeckt bei schwacher Hitze etwa 15 Minuten garen. Den Topf von der Kochstelle nehmen. Den Reis weitere 15 Minuten im Topf ziehen lassen.

2 Reisessig erwärmen, Salz und Zucker darin unter Rühren auflösen. Den gegarten Reis in ein flaches Gefäß (nach Möglichkeit ein Holzgefäß) geben. Die Essiglösung möglichst ohne zu rühren unterarbeiten (schwenken). Den Reis mit einem feuchten Tuch zudecken.

3 Lachsfilet unter fließendem kalten Wasser abspülen, trockentupfen und in 18 schräge Scheiben schneiden.

4 Eine tischtennisgroße Reisportion in die eine Hand und eine Lachsscheibe in die andere Hand nehmen. Etwas Wasabipaste auf die Lachsscheibe streichen (den Reis dabei in der Hand haltend). Den Reis auf die Lachsscheibe drücken und dabei in die typische längliche Form bringen. Mit der Lachsseite nach oben zeigend auf einer Platte anrichten. So weiter fortfahren, bis 18 Sushi entstanden sind. Mit Sojasauce und eingelegtem Ingwer servieren.

Klassische Fischgerichte

Klassisch und gut

Halber Hummer mit Blumenkohl, Artischocken und Sauce Hollandaise

Zubereitungszeit: 40 Min., ohne Auftauzeit | Pro Portion: E: 24 g, F: 84 g, Kh: 5 g, kJ: 3726, kcal: 891 | **Für Gäste**

4 Portionen

2	*TK-Hummer, gekocht (etwa 600 g)*
	Salz
2 EL	*Kümmelsamen*
1	*kleiner Blumenkohl*
1 kleine Dose	*Artischockenböden (Abtropfgewicht 185 g)*
2 Stängel	*Estragon*
4 Stängel	*Kerbel*
2 EL	*Olivenöl*
350 g	*Butter*
3	*Eigelb (Größe M)*
1 EL	*Naturjoghurt*
	frisch gemahlener Pfeffer
	Cayennepfeffer
	Zitronensaft

1. Hummer nach Packungsanleitung auftauen lassen. In einem großen Topf Wasser mit Salz und Kümmel zum Kochen bringen. Den Topf von der Kochstelle nehmen.
2. Von dem Blumenkohl die Blätter und schlechten Stellen entfernen. Den Strunk abschneiden. Blumenkohl in kleine Röschen teilen, waschen und abtropfen lassen. Artischockenböden in einem Sieb abtropfen lassen und vierteln.
3. Hummer in das nicht mehr kochende Wasser geben (das Hummerfleisch wird sonst hart) und in etwa 20 Minuten warm werden lassen.
4. Estragon und Kerbel abspülen und trockentupfen. Die Blättchen von den Stängeln zupfen. Blättchen klein schneiden.
5. Olivenöl in einem Topf erhitzen. Blumenkohlröschen darin bei mittlerer Hitze langsam braten. Mit Salz würzen.
6. Butter in einem kleinen Topf aufkochen lassen. Eigelb mit Joghurt verrühren. Mit Salz, Pfeffer, einer Messerspitze Cayennepfeffer und etwas Zitronensaft würzen. Nach und nach mit einem Pürierstab die noch kochende Butter unterarbeiten, so dass eine glatte homogene Sauce entsteht. Kräuter unterrühren. Die Sauce im Wasserbad warm halten.
7. Die Artischockenböden zu den Blumenkohlröschen geben und etwa 3 Minuten mitbraten lassen. Mit Salz und Pfeffer abschmecken.
8. Hummer mit einer Schaumkelle aus dem Wasser nehmen und der Länge nach halbieren. Die Scheren anschlagen. Hummer mit dem Blumenkohl-Artischocken-Gemüse und der Sauce servieren.

Wichtig: Die fertige Sauce darf nicht kochen, sonst gerinnt sie.

Tipp

Hummer haben feines festes Fleisch, das jedoch nicht zu stark gewürzt werden sollte, um den delikaten Geschmack nicht zu übertönen.

Schollen „Finkenwerder Art“

Zubereitungszeit: 30 Min. | Garzeit: etwa 10 Min. | Pro Portion: E: 47 g, F: 10 g, Kh: 6 g, kJ: 1301, kcal: 312 | **Für Gäste**

4 Portionen

4	*küchenfertige Schollen (je etwa 300 g)*
	Salz
	frisch gemahlener Pfeffer
40 g	*Weizenmehl*
etwa 150 g	*magerer, durchwachsener Speck*
3–4 EL	*Speiseöl, z. B. Sonnenblumenöl*
	Zitronenachtel
	Dillzweige

1 Schollen unter fließendem kalten Wasser abspülen, trockentupfen, mit Salz und Pfeffer einreiben. Schollen in Mehl wenden (überschüssiges Mehl abklopfen). Speck in kleine Würfel schneiden.

2 Speiseöl in einer großen Pfanne erhitzen. Speckwürfel darin ausbraten, aus der Pfanne nehmen und warm stellen.

3 Die Schollen nacheinander (je nach Größe der Pfanne) in dem Speckfett von beiden Seiten in 10 Minuten braun braten, eventuell noch etwas Fett hinzugeben. Die Schollen herausnehmen, auf einer vorgewärmten Platte anrichten und warm stellen.

4 Die Speckwürfel auf den Schollen verteilen. Die Schollen mit Zitronenachteln und Dillzweigen garniert servieren.

Beilage

Salzkartoffeln und Feldsalat.

Variante

*Schollen **„Büsumer Art“***
Für die Schollen „Büsumer Art“ zusätzlich 150–200 g gepulte Krabben in dem Speckfett anbraten und auf den Schollen verteilen.

Maischolle auf geschmorten Gurken

Zubereitungszeit: 45 Min. | Garzeit: Gemüse etwa 5 Min., Schollen etwa 10 Min.
Pro Portion: E: 43 g, F: 47 g, Kh: 11 g, kJ: 2765, kcal: 661 | **Klassisch**

Beilage

Salzkartoffeln.

4 Portionen

Für die geschmorten Gurken:

2	*Gartengurken (je etwa 300 g)*
2	*Tomaten*
1 Bund	*Dill*
80 g	*kalte Butter*
	Salz
	frisch gemahlener Pfeffer
4	*Maischollen (je etwa 300 g)*
	Saft von
1	*Zitrone*
	Salz
	frisch gemahlener Pfeffer
40 g	*Weizenmehl*
120 g	*durchwachsener Speck*
2 EL	*Speiseöl*
100 g	*Butter*
160 g	*gepulte Büsumer Krabben*
2 EL	*gehackte Petersilie*

1 Gurken schälen, der Länge nach halbieren und mit einem Löffel die Kerne herausschaben. Gurkenhälften in etwa $^1/_2$ cm dicke Scheiben schneiden. Tomaten waschen, kreuzweise einschneiden und einige Sekunden in kochendes Wasser legen. Tomaten kurz in kaltem Wasser abschrecken, enthäuten, halbieren, entkernen und die Stängelansätze entfernen. Tomaten in kleine Würfel schneiden.

2 Dill abspülen und trockentupfen. Die Spitzen von den Stängeln zupfen, Spitzen klein schneiden. 30 g Butter in einer Pfanne zerlassen, Gurkenscheiben darin kurz andünsten. Zwei Esslöffel Wasser hinzugeben. Mit Salz und Pfeffer würzen. Die Gurkenscheiben zugedeckt etwa 5 Minuten dünsten. Mit der restlichen kalten Butter binden. Dill unterrühren. Tomatenwürfel unterheben. Gurkengemüse warm stellen.

3 Maischollen unter fließendem kalten Wasser abspülen und trockentupfen. Die Haut mit einem scharfen Messer einritzen. Die Maischolle mit etwas Zitronensaft beträufeln. Mit Salz und Pfeffer würzen und in Mehl wenden. Speck in Streifen schneiden.

4 Speiseöl in einer Pfanne erhitzen, Speckstreifen darin auslassen. Die Maischollen hinzufügen und von beiden Seiten in etwa 10 Minuten goldgelb braten. Dann Butter und Krabben hinzugeben. Mit restlichem Zitronensaft ablöschen. Mit Petersilie bestreuen.

5 Schmorgurken auf Tellern verteilen. Die Schollen im Ganzen darauf geben und sofort servieren.

Gebratene **Schollenfilets**

Zubereitungszeit: 55 Min., ohne Auftauzeit
Pro Portion: E: 30 g, F: 25 g, Kh: 17 g, kJ: 1731, kcal: 415 | **Fruchtig – für Gäste**

4 Portionen

12	*Schollenfilets (je etwa 50 g, TK oder frisch)*
	Salz
	frisch gemahlener Pfeffer
40 g	*Weizenmehl*
2	*Äpfel, z. B. Granny Smith (etwa 180 g)*
200 g	*weiße Champignons*
1 Bund	*Frühlingszwiebeln (etwa 200 g)*
2 EL	*Speiseöl*
1 kleines Bund	*Estragon*
80 g	*Butter oder Margarine*

1 TK-Schollenfilets nach Packungsanleitung auftauen lassen. Schollenfilets unter fließendem kalten Wasser abspülen und trockentupfen, mit Salz und Pfeffer bestreuen. Schollenfilets in Mehl wenden (dabei überschüssiges Mehl abschütteln).
2 Äpfel waschen, trockenreiben, vierteln, entkernen und in kleine Stücke schneiden. Champignons putzen, mit Küchenpapier abreiben, evtl. abspülen, trockentupfen und je nach Größe halbieren oder vierteln.
3 Frühlingszwiebeln putzen, waschen, trockentupfen und den weißen Teil in etwa 2 cm lange Stücke schneiden.
4 Speiseöl in einer Pfanne erhitzen. Die Schollenfilets darin kurz von beiden Seiten braten, herausnehmen, auf eine vorgewärmte Platte legen und warm stellen.
5 Estragon abspülen und trockentupfen. Die Blättchen von den Stängeln zupfen. Blättchen grob zerkleinern.
6 Butter oder Margarine in einem Topf zerlassen. Zuerst Frühlingszwiebelstücke, dann Champignons und zuletzt Apfelstücke darin schmoren, Estragon unterrühren. Mit Salz und Pfeffer würzen. Die Gemüse-Apfel-Mischung mit den Schollenfilets anrichten.

Beilage

Kleine Butterkartoffeln.

Variante

Gut schmeckt das Gericht auch, wenn das Gemüse vor dem Schmoren mit 1–2 Teelöffeln Currypulver bestäubt wird.
Statt der Champignons können auch 300 g geputzte, in Stücke geschnittene, frische Austernpilze verwendet werden.

Kabeljau mit Senfsauce

Zubereitungszeit: 25 Min. | Garzeit: etwa 10 Min.
Pro Portion: E: 27 g, F: 9 g, Kh: 1 g, kJ: 903, kcal: 217 | **Klassisch – mit Alkohol**

4 Portionen

20 g	*Butter*
2 EL	*Zwiebelwürfel*
200 ml	*Fischfond oder -brühe*
4	*Kabeljaufilets (je 150 g)*
	Salz
	frisch gemahlener Pfeffer
100 ml	*trockener Weißwein*
2 EL	*körniger Senf*
2 EL	*Crème fraîche*
2 EL	*Schnittlauchröllchen*
einige	*vorbereitete Salatblätter*
	Schnittlauchhalme
	Tomatenviertel

1. Butter in einer Pfanne zerlassen. Zwiebelwürfel darin andünsten. Fischfond oder -brühe hinzugießen.
2. Kabeljaufilets unter fließendem kalten Wasser abspülen und trockentupfen. Mit Salz und Pfeffer würzen. Kabeljaufilets in den Fischfond oder in die Fischbrühe geben, zum Kochen bringen und bei schwacher Hitze etwa 10 Minuten garen. Kabeljaufilets herausnehmen und warm stellen.
3. Wein zum Fischfond geben, Senf unterrühren und zum Kochen bringen. Die Sauce etwas einkochen lassen. Mit Salz und Pfeffer würzen. Crème fraîche und Schnittlauchröllchen unterrühren.
4. Die Kabeljaufilets auf Tellern anrichten und mit der Senfsauce übergießen. Mit Salatblättern, Schnittlauchhalmen und Tomatenvierteln garniert servieren.

Beilage

Salzkartoffeln.

Fisch mit Chipskruste

Zubereitungszeit: 55 Min. | Garzeit: 15–20 Min.
Pro Portion: E: 32 g, F: 29 g, Kh: 40 g, kJ: 2394, kcal: 572 | **Gut vorzubereiten – mit Alkohol**

4 Portionen

2	Schalotten
100 g	weiche Butter
2 EL	körniger Senf
1 EL	Weizenmehl
1 EL	abgetropfte Kapern
2 EL	gehackte Kräuter, z. B. Petersilie, Dill, Estragon
4 Scheiben	Seelachsfilet (je etwa 150 g)
	Salz
	frisch gemahlener Pfeffer
8	gekochte, heiße, mittelgroße Pellkartoffeln
5 EL	Weißwein
60 g	Kartoffelchips

1 Schalotten abziehen und in kleine Würfel schneiden. Butter mit Senf, Mehl, Kapern und Schalottenwürfeln gut verrühren. Kräuter unterrühren.

2 Dorschfilets unter fließendem kalten Wasser abspülen, trockentupfen, mit Salz und Pfeffer bestreuen.

3 Kartoffeln pellen, in Scheiben schneiden und in eine flache Auflaufform (gefettet) legen. Mit Salz und Pfeffer bestreuen, mit Wein beträufeln. Dorschfilets darauf legen und mit der Butter-Schalotten-Masse bestreichen.

4 Kartoffelchips in einen Gefrierbeutel geben, Beutel verschließen. Kartoffelchips mit einer Teigrolle grob zerbröseln. Chipsbrösel auf der Butter-Zwiebel-Masse verteilen. Die Form auf dem Rost in den Backofen schieben.

Ober-/Unterhitze: etwa 200 °C (vorgeheizt)
Heißluft: etwa 180 °C (vorgeheizt)
Gas: Stufe 3–4 (vorgeheizt)
Garzeit: 15–20 Minuten.

Fischfilet mit Sesam

Zubereitungszeit: 20 Min. | Bratzeit: etwa 10 Min.
Pro Portion: E: 33 g, F: 27 g, Kh: 8 g, kJ: 1728 , kcal: 413 | **Schnell**

4 Portionen

4	*Fischfilets (600 g), z. B. Seelachs - oder Pangasinsfilet*
	Salz
	frisch gemahlener Pfeffer
30 g	*Weizenmehl*
1	*Ei*
2 EL	*kaltes Wasser*
125 g	*Sesamsamen*
60 g	*Butter oder Margarine*

1. Fischfilets unter fließendem kalten Wasser abspülen und trockentupfen. Fischfilets mit Salz und Pfeffer bestreuen. Mehl in einen flachen Teller geben. Ei mit Wasser in einer kleinen Schüssel verschlagen.
2. Die Fischfilets zuerst in Mehl wenden, dann durch das verschlagene Ei ziehen, Fischfilets am Rand abstreifen und zuletzt in Sesam wenden. Panade gut andrücken.
3. Butter oder Margarine in einer Pfanne erhitzen. Die Fischfilets bei schwacher Hitze von beiden Seiten etwa 10 Minuten goldgelb braten.

Dorschfilet auf Wirsing

Zubereitungszeit: 60 Min. | Garzeit: etwa 15 Min.
Pro Portion: E: 40 g, F: 41 g, Kh: 13 g, kJ: 2482, kcal: 594 | **Raffiniert – für Gäste**

4 Portionen

1	*kleiner Wirsing (etwa 750 g)*
100 g	*Butter*
	Salz
	frisch gemahlener, weißer Pfeffer
1 TL	*gemahlener Kümmel*
250 g	*Schlagsahne*
2	*Eigelb (Größe M)*
750 g	*Dorschfilet*
2 EL	*Zitronensaft*
3 EL	*Semmelbrösel*

1 Von dem Wirsing die groben äußeren Blätter lösen. Den Wirsing vierteln und den Strunk herausschneiden. Wirsing in schmale Streifen schneiden, abspülen und abtropfen lassen.
2 Ein Drittel der Butter in einem Topf zerlassen, Wirsingstreifen darin andünsten. Mit Salz, Pfeffer und Kümmel würzen. Etwas Wasser hinzugießen, zugedeckt etwa 10 Minuten garen.
3 Sahne mit Eigelb verschlagen, mit Salz und Pfeffer würzen. Die Eiersahne mit den Wirsingstreifen mischen und in eine Auflaufform (gefettet) füllen.
4 Dorschfilet unter fließendem kalten Wasser abspülen, trockentupfen und in 4 gleich große Stücke schneiden. Dorschfiletstücke mit Zitronensaft beträufeln.
5 Die Hälfte der restlichen Butter in einer Pfanne zerlassen. Die Dorschfiletstücke darin von beiden Seiten kurz anbraten, herausnehmen und auf die Wirsingmasse legen, mit Salz bestreuen.
6 Semmelbrösel unter die restliche Butter rühren und auf den Dorschfiletstücken verteilen. Die Form auf dem Rost in den Backofen schieben.

Ober-/Unterhitze: etwa 200 °C (vorgeheizt)
Heißluft: etwa 180 °C (vorgeheizt)
Gas: Stufe 3–4 (vorgeheizt)
Garzeit: etwa 15 Minuten.

Variante

Sie können das Dorschfilet auch in einer Kartoffelkruste braten. Dazu 750 g Kartoffeln waschen, schälen, abspülen und fein reiben. Die Kartoffelmasse gut ausdrücken, mit 1 Ei verrühren, mit Salz und Pfeffer würzen. Dorschfilet unter fließendem kalten Wasser abspülen, trockentupfen, mit etwas Weizenmehl bestäuben. Die Kartoffelmasse ringsum gut andrücken und den Fisch schwimmend in reichlich erhitztem Speiseöl braten. Den Wirsing bis zu Punkt 3 zubereiten und dazu reichen.

Tipp

Sie können die rohen, mit Zitronensaft beträufelten Dorschfiletstücke auf den Wirsing legen und mit garen lassen, dann erhöht sich die Garzeit um 15 Minuten.

Hamburger **Pfannfisch**

Zubereitungszeit: 50 Min., ohne Abkühlzeit | Garzeit: etwa 15 Min.
Pro Portion: E: 25 g, F: 52 g, Kh: 17 g, kJ: 2689, kcal: 642 | **Raffiniert**

4 Portionen

500 g	*gleich große Kartoffeln*
150 g	*Butter*
500 g	*Steinbuttfilet*
4	*Schalotten*
2 TL	*mittelscharfer Senf*
250 g	*junger Wirsing*
	Salz
	frisch gemahlener Pfeffer

Für die Senfbutter:

2 EL	*mittelscharfer Senf*
80 g	*lauwarme, flüssige Butter*

1 Kartoffeln waschen, schälen, abspülen und trockentupfen. Die Kartoffeln in etwa 1/2 cm dicke Scheiben schneiden.

2 50 g von der Butter in einer Pfanne zerlassen. Kartoffelscheiben darin unter mehrmaligem Wenden anbraten. Steinbuttfilets unter fließendem kalten Wasser abspülen, trockentupfen und in etwa 2 cm dicke Scheiben schneiden.

3 Schalotten abziehen, zuerst in Scheiben schneiden, dann in Ringe teilen. Wieder 50 g von der Butter in einer zweiten Pfanne zerlassen. Schalottenringe darin glasig dünsten, abkühlen lassen und mit Senf verrühren.

4 Wirsing putzen, waschen, abtropfen lassen und in feine Streifen schneiden. Wirsingstreifen in kochendem Salzwasser etwa 2 Minuten blanchieren, mit eiskaltem Wasser abschrecken und in einem Sieb abtropfen lassen.

5 Ein Drittel der Kartoffelscheiben kreisförmig in eine Springform (Ø 24 cm, gefettet, evtl. außen einen Streifen Alufolie darumlegen) legen, mit Salz und Pfeffer bestreuen. Die Hälfte des Wirsings darauf geben und die Hälfte der Steinbuttfiletscheiben darauf verteilen. Mit Salz und Pfeffer bestreuen. Die Hälfte der Schalotten-Senf-Masse darauf streichen.

6 Den Vorgang wiederholen. Mit den restlichen Kartoffelscheiben abschließen. Mit Salz und Pfeffer bestreuen. Restliche Butter zerlassen, abkühlen lassen und darauf träufeln. Die Form auf dem Rost in den Backofen schieben.

Ober-/Unterhitze: etwa 200 °C (vorgeheizt)
Heißluft: etwa 180 °C (vorgeheizt)
Gas: Stufe 3–4 (vorgeheizt)
Garzeit: etwa 15 Minuten.

7 Die Form auf einen Rost stellen. Den Pfannfisch in der Form etwas abkühlen lassen.

8 Für die Senfbutter Senf verrühren und tropfenweise die lauwarme Butter unterrühren. Den Springformrand entfernen. Den Pfannfisch auf einer Platte anrichten und wie eine Torte in Stücke schneiden. Senfbutter dazu reichen.

Gedünsteter Steinbutt mit Kräuter-Senfbutter und Steckrübe

Zubereitungszeit: 40 Min., ohne Auftauzeit | Garzeit: 10–12 Min.
Pro Portion: E: 34 g, F: 54 g, Kh: 8 g, kJ: 2849, wkcal: 680 | **Mit Alkohol**

2 Portionen

2	*TK-Steinbuttfilets (je etwa 180 g)*
1/4	*Steckrübe oder Knollensellerie (etwa 400 g)*
1 TL	*gekörnte Gemüsebrühe*
	Salz
	frisch gemahlener, schwarzer Pfeffer
1	*kleine rote Zwiebel*
1 EL	*Butter für die Form*
50 ml	*trockener Weißwein*
100 g	*Butter*
2 EL	*körniger Senf*
1 EL	*Schnittlauchröllchen*
1 EL	*klein geschnittener Dill*
1 EL	*gehackte Petersilie*

1 Steinbuttfilets nach Packungsanleitung auftauen lassen.

2 Steckrübe oder Knollensellerie schälen, waschen, abtropfen lassen, grob würfeln und in einen Topf geben. So viel Wasser hinzugießen, dass die Steckrüben- oder Selleriewürfel knapp bedeckt sind. Mit Gemüsebrühe, einer Prise Salz und Pfeffer würzen. Die Steckrüben- oder Selleriewürfel zum Kochen bringen und zugedeckt so lange kochen lassen, bis sie richtig weich sind.

3 Zwiebel abziehen und in kleine Würfel schneiden. Zwiebelwürfel in einer feuerfesten Form oder in einer Auflaufform (mit Butter gefettet) verteilen.

4 Steinbuttfilets unter fließendem kalten Wasser abspülen und trockentupfen. Steinbuttfilets von beiden Seiten mit Salz und Pfeffer bestreuen und in die Form legen. Weißwein hinzugießen. Die Form auf dem Rost in den Backofen schieben.

Ober-/Unterhitze: etwa 180 °C (vorgeheizt)
Heißluft: etwa 160 °C (vorgeheizt)
Gas: Stufe 2–3 (vorgeheizt)
Garzeit: 10–12 Minuten (je nach Stärke der Filets).

5 Butter in einem kleinen Topf zerlassen. Steckrüben- oder Selleriewürfel abgießen und mit einem Kartoffelstampfer zerdrücken. Mit Salz, viel schwarzem Pfeffer und einem Esslöffel der zerlassenen Butter abschmecken.

6 Senf mit Schnittlauchröllchen, Dill und Petersilie verrühren und unter die zerlassene Butter rühren. Steinbuttfilets mit dem Steckrüben- oder Selleriemus und der Senf-Kräuter-Butter anrichten.

Tipp

Wenn Sie die Butter leicht bräunen, erhält sie einen nussigen Geschmack.

Beilage

Salzkartoffeln.

Lachs mit Tatarensauce

Zubereitungszeit: 25 Min. | Grillzeit: etwa 5 Min.
Pro Portion: E: 32 g, F: 32 g, Kh: 3 g, kJ: 1791, kcal: 430 | **Für Gäste**

4 Portionen

4 Scheiben	*Lachs (je etwa 150 g)*
	Salz
	frisch gemahlener Pfeffer
50 g	*weiche Butter*
1 Becher (150 g)	*Crème fraîche*
2 EL	*Salatmayonnaise*
2	*hart gekochte Eier*
4 EL	*gehackte Kräuter, z. B. Schnittlauch, Petersilie*
3	*Knoblauchzehen*

1 Lachsscheiben unter fließendem kalten Wasser abspülen und trockentupfen. Mit Salz und Pfeffer bestreuen, mit Butter bestreichen. Crème fraîche und Mayonnaise verrühren.
2 Eier pellen und in kleine Stücke hacken, Kräuter unterrühren. Knoblauch abziehen, durch eine Knoblauchpresse drücken und hinzufügen. Mit Salz und Pfeffer abschmecken.
3 Die Lachsscheiben in eine erhitzte Grillpfanne (gefettet) legen und von beiden Seiten etwa 5 Minuten grillen, zwischendurch mit Butter bestreichen.
4 Lachsscheiben herausnehmen und auf vorgewärmten Tellern anrichten. Tatarensauce dazu reichen.

Tipp

Nach Belieben mit Tomatenvierteln, Paprikastreifen, Salatblättern und Schnittlauchhalmen garnieren. Tatarensauce zusätzlich mit Schnittlauchröllchen bestreuen.

Lachs mit **Kartoffel-Kräuter-Haube**

Zubereitungszeit: 70 Min. | Garzeit: etwa 30 Min.
Pro Portion: E: 43 g, F: 34 g, Kh: 18 g, kJ: 2393, kcal: 574 | **Gut vorzubereiten – mit Alkohol**

4 Portionen

800 g Lachsfilet, ohne Haut und Gräten
1 Bund Schnittlauch
1 Bund Dill
4 Schalotten
1 Stange Porree (Lauch)
400 g gekochte Kartoffeln
1 Becher (150 g) Crème fraîche
1 Ei (Größe M)
Salz
frisch gemahlener Pfeffer
40 g Butter
100 ml Fischfond oder Gemüsebrühe
100 ml Weißwein

Schnittlauchhalme zum Garnieren

1 Lachsfilets unter fließendem kalten Wasser abspülen und trockentupfen.
2 Schnittlauch und Dill abspülen, trockentupfen. Schnittlauch in Röllchen schneiden. Die Dillspitzen von den Stängeln zupfen, Spitzen klein schneiden. Schalotten abziehen und in Scheiben schneiden. Porree putzen, die Stange längs halbieren. Porree waschen, abtropfen lassen und in Ringe schneiden.
3 Kartoffeln reiben, mit Schnittlauchröllchen, Dill, Crème fraîche und Ei verkneten. Mit Salz und Pfeffer würzen.
4 Butter in einer großen, feuerfesten Form erhitzen, Schalottenscheiben und Porreeringe darin andünsten. Fischfond oder Brühe und Wein hinzugießen. Mit Salz und Pfeffer würzen.
5 Die Lachsfilets auf einer Seite mit der Kartoffelmasse bestreichen und auf das angedünstete Gemüse legen. Die Form auf dem Rost in den Backofen schieben.

Ober-/Unterhitze: etwa 180 °C (vorgeheizt)
Heißluft: etwa 160 °C (vorgeheizt)
Gas: Stufe 2–3 (vorgeheizt)
Garzeit: etwa 30 Minuten.

6 Lachsfilet mit Schnittlauchhalmen garniert servieren.

Beilage

Spargelsalat aus grünem und weißem Spargel.

Tipp

Es können auch 4 TK-Lachsfilets (je etwa 150 g) verwendet werden. Die Lachsfilets dann nur antauen lassen.

Heringscreme-Topf

Zubereitungszeit: 25 Min., ohne Kühlzeit | Pro Portion: E: 19 g, F: 37 g, Kh: 21 g, kJ: 2101, kcal: 504 | **Einfach**

4 Portionen

6	*Heringsfilets, z. B. Bismarckheringe*
1	*rote Zwiebel*
2	*Äpfel*
2	*Gewürzgurken*
1 kleines Glas (250 g)	*Miracel-Whip*
250 g	*Naturjoghurt*
	Salz
	frisch gemahlener Pfeffer
1 Prise	*Zucker*
evtl. etwas	*Gurkenflüssigkeit*
	Zitronensaft
einige	*vorbereitete Dillspitzen*

1. Heringsfilets in mundgerechte Stücke schneiden.
2. Zwiebel abziehen, zuerst in Scheiben schneiden, dann in Ringe teilen. Äpfel schälen, vierteln, entkernen und in dünne Scheiben schneiden. Gurken in Würfel schneiden.
3. Miracel-Whip mit Joghurt gut verrühren. Heringsfiletstücke, Zwiebelringe, Apfelscheiben und Gurkenwürfel vorsichtig unterheben.
4. Den Heringscreme-Topf mit Salz, Pfeffer, Zucker, evtl. etwas Gurkenflüssigkeit und Zitronensaft abschmecken, eine Zeit lang kalt stellen und durchziehen lassen.
5. Den Heringscreme-Topf mit Dillspitzen garniert servieren.

Beilage

Pellkartoffeln oder Vollkornbrot und Butter.

Matjes-Topf

Zubereitungszeit: 25 Min., ohne Wässer- und Kühlzeit
Pro Portion: E: 26 g, F: 26 g, Kh: 9 g, kJ: 1601, kcal: 382 | **Gut vorzubereiten**

Beilage

Pellkartoffeln.

4 Portionen

6	*Matjesfilets*
1	*rote Zwiebel*
2	*Äpfel*
125 g	*Schlagsahne*
200 g	*Speisequark (Magerstufe)*
	Salz
	frisch gemahlener Pfeffer
	Zitronensaft
	Dillzweige

1 Matjesfilets evtl. einige Zeit wässern, trockentupfen und in mundgerechte Stücke schneiden.
2 Zwiebel abziehen, zuerst in Scheiben schneiden, dann in Ringe teilen. Äpfel schälen, vierteln, entkernen und in schmale Scheiben schneiden.
3 Sahne steif schlagen. Quark gut verrühren, steif geschlagene Sahne unterheben, mit Matjesstückchen, Zwiebelringen und Apfelscheiben vorsichtig vermengen. Mit Salz, Pfeffer und Zitronensaft würzen.
4 Den Matjes-Topf eine Zeit lang kalt stellen und durchziehen lassen. Dill abspülen und trockentupfen.
5 Den Matjes-Topf mit Dill garniert servieren.

Tipp

Nach Belieben zusätzlich 2 halbierte, in Scheiben geschnittene Gewürzgurken unter den Matjes-Topf heben.

Rotbarbenfilets auf roten Linsen

Zubereitungszeit: 45 Min., ohne Auftauzeit | Garzeit: Gemüse etwa 30 Min.
Pro Portion: E: 61 g, F: 32 g, Kh: 46 g, kJ: 3016, kcal: 721 | **Preiswert**

2 Portionen

6	*TK-Rotbarbenfilets (je etwa 60 g)*
1	*Zwiebel*
1	*Knoblauchzehe*
2 EL	*Olivenöl*
2 Tassen	*rote Linsen*
gut 1 EL	*Currypulver*
250 ml (1/4 l)	*Gemüsebrühe*
1	*kleine getrocknete Chilischote*
	Salz
	frisch gemahlener Pfeffer
2 Stängel	*Salbei*
3 El	*Olivenöl*
2 EL	*Butter*

1 Rotbarbenfilets nach Packungsanleitung auftauen lassen.
2 Zwiebel und Knoblauch abziehen. Zwiebel in kleine Würfel schneiden und Knoblauch durch eine Knoblauchpresse drücken.
3 Olivenöl in einem Topf erhitzen. Zwiebelwürfel und Knoblauch darin andünsten. Linsen hinzufügen und kurz mit andünsten. Mit 1 Esslöffel Curry bestäuben, Gemüsebrühe hinzugießen. Chilischote klein zerbröseln und zu der Linsenmasse geben. Mit Salz würzen. Die Zutaten zum Kochen bringen und etwa 30 Minuten bei schwacher Hitze kochen lassen.
4 Die Linsenmasse mit einem Mixstab pürieren. Mit Salz, Pfeffer und Curry abschmecken. Linsen warm stellen.
5 Salbei abspülen und trockentupfen. Die Blättchen von den Stängeln zupfen. Blättchen grob zerkleinern.
6 Rotbarbenfilets unter fließendem kalten Wasser abspülen und trockentupfen. Olivenöl in einer Pfanne erhitzen. Rotbarbenfilets mit der Hautseite nach unten in die Pfanne legen und bei mittlerer Hitze kross braten. Rotbarbenfilets mit einem Pfannenwender umdrehen und eine weitere Minute braten.
7 Rotbarbenfilets herausnehmen. Mit Salz und Pfeffer würzen. Butter in der Pfanne zerlassen, Salbei hinzufügen. Die Rotbarbenfilets auf dem Linsenpüree anrichten und mit der Salbeibutter überziehen. Sofort servieren.

Linsen-Fisch-Auflauf

Zubereitungszeit: 55 Min., ohne Auftauzeit | Garzeit: etwa 15 Min. |
Pro Portion: E: 44 g, F: 30 g, Kh: 38 g, kJ: 2504, kcal: 599 | **Raffiniert**

4 Portionen

600 g	*TK-Kabeljaufilet oder anderes festes Fischfleisch, z. B. Steinbutt, Rotbarsch*
2 Stangen	*Porree (Lauch)*
3 EL	*Speiseöl*
1 Dose	*Linsen mit Suppengrün (Einwaage 800 g)*
1 Becher (150 g)	*Crème fraîche*
	Salz
	frisch gemahlener Pfeffer
4 Scheiben	*Weizentoastbrot (je 25 g)*
100 g	*Schinkenwürfel*
30 g	*Butter*
1 Pck.	*Dr. Oetker Finesse Geriebene Zitronenschale*
2 EL	*gehackte gemischte Kräuter, z. B. Petersilie, Thymian und Schnittlauch*

1 Kabeljaufilet nach Packungsanleitung auftauen lassen.
2 Porree putzen, die Stangen längs halbieren, waschen und abtropfen lassen. Porree in Streifen schneiden. Speiseöl in einem großen Topf erhitzen. Porreestreifen darin etwa 5 Minuten unter Wenden andünsten. Linsen mit der Flüssigkeit hinzufügen, unterrühren und erhitzen. Crème fraîche unter die Linsen-Porree-Masse rühren, mit Salz und Pfeffer würzen. Die Masse in eine flache Auflaufform geben.
3 Toastbrot entrinden und zerbröseln. Schinkenwürfel in einer Pfanne ohne Fett knusprig braun braten. Butter hinzufügen und zerlassen. Die Brotbrösel darin goldbraun rösten. Zitronenschale und Kräuter unterrühren.
4 Kabeljaufilet unter fließendem kalten Wasser abspülen, trockentupfen und in 4 Portionsstücke schneiden. Mit Salz und Pfeffer bestreuen.
5 Die Fischfiletstücke auf die Linsenmasse legen. Filetstücke mit dem Brotbrösel-Speck-Gemisch bestreuen. Die Form auf dem Rost in den Backofen schieben.

Ober-/Unterhitze: etwa 200 °C (vorgeheizt)
Heißluft: etwa 180 °C (vorgeheizt)
Gas: Stufe 3–4 (vorgeheizt)
Garzeit: etwa 15 Minuten.

Fisch **Caprese**

Zubereitungszeit: 55 Min. | Garzeit: 12–15 Min. | Pro Portion: E: 38 g, F: 27 g, Kh: 5 g, kJ: 1747, kcal: 417 | **Einfach**

4 Portionen

4	*mittelgroße Tomaten*
2	*kleine Zucchini*
250 g	*Mozzarella-Käse*
	Salz
	frisch gemahlener Pfeffer
1 EL	*Tessiner Gewürzmischung*
4 EL	*Olivenöl*
4 Scheiben	*Rotbarsch- oder Seelachsfilet (je etwa 130 g)*
einige Stängel	*frisches Basilikum*

1 Tomaten waschen, trockentupfen und die Stängelansätze herausschneiden. Tomaten in Scheiben schneiden.

2 Zucchini waschen, abtrocknen und die Enden abschneiden. Zucchini in etwa ½ cm dicke Scheiben schneiden. Mozzarella abtropfen lassen und in 12 Scheiben schneiden.

3 Die Hälfte der Tomaten-, Zucchini- und Mozzarellascheiben dachziegelartig in eine flache Auflaufform (gefettet) schichten. Mit Salz, Pfeffer und mit der Hälfte der Gewürzmischung bestreuen, mit 2 Esslöffeln Olivenöl beträufeln.

4 Fischfilets unter fließendem kalten Wasser abspülen, trockentupfen, mit Salz und Pfeffer bestreuen. Fischfilet auf die Gemüse-Käse-Mischung legen. Restliche Tomaten-, Zucchini- und Mozzarellascheiben dachziegelartig darauf legen. Mit Salz, Pfeffer und der restlichen Gewürzmischung bestreuen, mit dem restlichen Olivenöl beträufeln.

5 Die Form auf dem Rost in den Backofen schieben.

Ober-/Unterhitze: etwa 200 °C (vorgeheizt)
Heißluft: etwa 180 °C (vorgeheizt)
Gas: Stufe 3–4 (vorgeheizt)
Garzeit: 12–15 Minuten.

6 Basilikum abspülen und trockentupfen. Die Blättchen von den Stängeln zupfen. Blättchen fein hacken. Fisch Caprese mit Basilikum bestreut servieren.

Beilage

Reis oder Kartoffelpüree.

Saibling in Mandelbutter

Zubereitungszeit: 45 Min. | Backzeit: 15–18 Min. | Pro Portion: E: 48 g, F: 40 g, Kh: 12 g, kJ: 2549, kcal: 608 |
Etwas teurer

4 Portionen

4	*küchenfertige Saiblinge (je etwa 300 g)*
	Salz
	frisch gemahlener Pfeffer
4 EL	*Speiseöl*
etwas	*Weizenmehl*

Für den Salat:

1	*Kopfsalat*
1 Bund	*Radieschen*
250 g	*Naturjoghurt*
1 EL	*Zucker*
	Zitronensaft
1 Prise	*Salz*

4 EL	*Butter*
100 g	*abgezogene, gehobelte Mandeln*

1 Saiblinge von innen und außen unter fließendem kalten Wasser abspülen und trockentupfen. Saiblinge von innen und außen mit Salz und Pfeffer bestreuen.
2 Speiseöl in einer Pfanne mit feuerfestem Griff erhitzen. Saiblinge in Mehl wenden, überschüssiges Mehl abklopfen. Saiblinge in die Pfanne geben und von beiden Seiten braun anbraten. Die Pfanne auf dem Rost in den Backofen schieben.

Ober-/Unterhitze: etwa 180 °C (vorgeheizt)
Heißluft: etwa 160 °C (vorgeheizt)
Gas: Stufe 2–3 (vorgeheizt)
Backzeit: 15–18 Minuten.

3 Die Saiblinge sind gar, wenn Sie jeweils an der Rückenflosse ziehen und diese sich leicht löst.
4 In der Zwischenzeit für den Salat von dem Kopfsalat die äußeren welken Blätter entfernen. Den Salat waschen, trockenschleudern und in Stücke zupfen. Von den Radieschen Blätter, Spitzen und schlechte Stellen abschneiden. Radieschen waschen, abtropfen lassen und in schmale Stifte schneiden.
5 Joghurt mit Zucker, Salz und einem guten Spritzer Zitronensaft glatt rühren.
6 Butter in einer Pfanne zerlassen. Mandeln hinzugeben und unter Rühren goldbraun rösten.
7 Die Saiblinge aus der Pfanne nehmen, auf einer Platte anrichten und mit der Mandelbutter übergießen. Kopfsalat mit Radieschen in einer Schüssel mischen. Joghurtdressing unterheben. Die Saiblinge mit dem Kopfsalat sofort servieren.

Tipp

Saiblinge sind Süßwasserfische, die sich durch feines, wohlschmeckendes Fleisch auszeichnen. Sie sollten nicht zu stark gewürzt werden.

Gebratener Fisch

Seite 66 – 85

Aus Pfanne und Backofen

Red Snapper unter der Makadamiakruste
Wolfsbarsch mit Pfifferlingen
Lachsschnitzel in Estragonpanade mit Wurzelgemüse
Kabeljauschnitzel in Dillpanade
Kabeljaufilet „Italienische Art“
Kabeljaufilet Müllerin
Zanderfilet auf der Haut gebraten mit Zitronen-Kapern-Butter und Rauke
Gebratene Pangasiusfilets mit Erdnusssauce und asiatischen Gemüsenudeln
Viktoriabarsch unter der Möhren-Nuss-Kruste
Viktoriabarsch, gekräutert
Lachs mit grüner Sauce
Röllchen von Atlantikzungen „Kreolische Art“
Lachs in Sahnesauce
Viktoriabarsch unter der Kräuterkruste
Viktoriabarsch mit roter Bete, Feldsalat und Dillschmand
Fisch-Shrimps-Auflauf
Garnelenpfanne

Red Snapper unter der Makadamiakruste

Zubereitungszeit: 45 Min. | Garzeit: 25 Min.
Pro Portion: E: 56 g, F: 79 g, Kh: 8 g, kJ: 4089, kcal: 980 | **Raffiniert**

2 Portionen

1	*küchenfertiger Red Snapper (700 g, geschuppt)*
	Salz
	frisch gemahlener Pfeffer
1	*große Tomate*
4	*Frühlingszwiebeln*
4 Stängel	*Petersilie*
3 EL	*Olivenöl*

Für die Makadamiakruste:

60 g	*Makadamianusskerne (ungesalzen)*
2 Stängel	*Minze*
50 g	*weiche Butter*
	Salz
	frisch gemahlener Pfeffer
200 ml	*Fischfond*
200 ml	*Kokosmilch*

1 Red Snapper von innen und außen unter fließendem kalten Wasser abspülen und trockentupfen. Red Snapper an den dicken Stellen mit einem Messer einschneiden. Red Snapper von innen und außen mit Salz und Pfeffer würzen.
2 Tomate waschen, trockentupfen, vierteln, entkernen und den Stängelansatz herausschneiden. Tomatenviertel in Stücke schneiden. Frühlingszwiebeln putzen, waschen, abtropfen lassen und schräg in etwa 2 cm lange Stücke schneiden. Petersilie abspülen und trockentupfen. Die Blättchen von den Stängeln zupfen. Blättchen klein schneiden.
3 Tomatenspalten mit Frühlingszwiebelstücken, Petersilie und Olivenöl mischen und in eine große, ovale, feuerfeste Form oder Auflaufform geben. Den Red Snapper darauf legen.
4 Für die Nusskruste Makadamianusskerne grob mahlen oder mit einem Messer in kleine Stücke schneiden. Minze abspülen und trockentupfen. Die Blättchen von den Stängeln zupfen. Blättchen klein schneiden. Butter in eine Schüssel geben. Gemahlene oder gehackte Nusskerne und Minze hinzugeben, zu einer geschmeidigen Masse verrühren. Mit Salz und Pfeffer würzen.
5 Die Nussmasse auf dem Red Snapper verteilen. Die Hälfte des Fischfonds hinzugießen. Die Form auf dem Rost in den Backofen schieben.

Ober-/Unterhitze: etwa 200 °C (vorgeheizt, unteres Drittel)
Heißluft: etwa 180 °C (vorgeheizt)
Gas: Stufe 3–4 (vorgeheizt, unteres Drittel)
Garzeit: etwa 25 Minuten.

6 In der Zwischenzeit Kokosmilch mit dem restlichen Fischfond in einem Topf zum Kochen bringen.
7 Den gegarten Red Snapper auf eine vorgewärmte Platte legen. Den Schmorfond durch ein feines Sieb in die Kokossauce passieren. Red Snapper mit der Kokossauce sofort servieren.

Beilage

Butterbohnen.

Wolfsbarsch mit Pfifferlingen

Zubereitungszeit: 45 Min., ohne Auftauzeit | Garzeit: etwa 10 Min.
Pro Portion: E: 53 g, F: 30 g, Kh: 17 g, kJ: 2393, kcal: 575 | **Mit Alkohol**

4 Portionen

200 g	*TK-Dicke Bohnenkerne*
2	*Schalotten*
1 EL	*Butter für die Form*
800 g	*Wolfsbarschfilet mit Haut, geschuppt*
	Salz
	frisch gemahlener Pfeffer
100 ml	*trockener Weißwein*
400 g	*frische Pfifferlinge*
1	*kleine Zwiebel*
1 EL	*Butter*
250 g	*Crème fraîche*
1 Bund	*Kerbel*

1 Bohnen nach Packungsaleitung auftauen lassen.
2 Schalotten abziehen, zuerst in Scheiben schneiden, dann in Ringe teilen. Schalottenringe in einer feuerfesten Form oder Auflaufform (mit Butter gefettet) verteilen.
3 Wolfsbarschfilets unter fließendem kalten Wasser abspülen, trockentupfen und in 4 gleich große Stücke schneiden. Barschfiletstücke von beiden Seiten mit Salz und Pfeffer würzen, nebeneinander in die Form oder Auflaufform legen, Weißwein hinzugießen. Die Form auf dem Rost in den Backofen schieben.

Ober-/Unterhitze: etwa 220 °C (vorgeheizt)
Heißluft: etwa 200 °C (vorgeheizt)
Gas: Stufe 4–5 (vorgeheizt)
Garzeit: etwa 10 Minuten.

4 In der Zwischenzeit Pfifferlinge putzen und mit Küchenpapier abreiben. Wenn möglich, Pfifferlinge nur trocken säubern. Aufgetaute Bohnenkerne in ein Sieb geben und mit heißem Wasser abspülen. Die dicke, weiße Haut der Bohnen entfernen.
5 Zwiebel abziehen und in kleine Würfel schneiden. Butter in einer Pfanne zerlassen. Zwiebelwürfel darin glasig dünsten. Pfifferlinge hinzufügen und mit andünsten. Mit Salz und Pfeffer würzen. Crème fraîche unterrühren und unter vorsichtigem Rühren aufkochen lassen. Bohnenkerne hinzugeben und mit erwärmen.
6 Kerbel abspülen und trockentupfen. Die Blättchen von den Stängeln zupfen. Blättchen klein schneiden. Kerbel zum Ragout geben und unterheben. Mit Salz und Pfeffer abschmecken.
7 Die Wolfsbarschfilets auf dem Ragout anrichten.

Beilage

Kleine, in Butter geschwenkte Kartoffeln.

Lachsschnitzel in Estragonpanade
mit Wurzelgemüse

Zubereitungszeit: 90 Min., ohne Auftauzeit | Garzeit: etwa 10 Min.
Pro Portion: E: 24 g, F: 21 g, Kh: 7 g, kJ: 1340, kcal: 321 | **Für Gäste**

8–10 Portionen

8	*TK-Lachsfilets (je etwa 125 g)*

Für das Wurzelgemüse:

5	*dicke Möhren (etwa 600 g)*
1	*kleiner Knollensellerie (etwa 600 g)*
2 Stangen	*Porree (Lauch, etwa 400 g)*
40 g	*Butter*
200 ml	*Gemüsebrühe*
	Salz
	frisch gemahlener Pfeffer
3	*Eier (Größe M)*
	getrocknete Estragonblätter
40 g	*Weizenmehl*
60 g	*Butter oder Margarine*
3 EL	*Speiseöl*
einige Stängel	*Estragon oder Zitronenthymian*
2	*Limetten oder Zitronen*

1. Lachsfilets nach Packungsanleitung auftauen lassen.
2. Für das Gemüse Möhren und Sellerie putzen, schälen, waschen, abtropfen lassen und in feine Streifen schneiden. Porree putzen, die Stangen längs halbieren. Porree waschen, abtropfen lassen und ebenfalls in Streifen schneiden.
3. Butter in einem Topf zerlassen. Möhren- und Selleriestreifen unter Rühren darin andünsten, Porreestreifen hinzugeben. Brühe hinzugießen, zum Kochen bringen und etwa 10 Minuten garen. Mit Salz und Pfeffer würzen. Gemüse warm stellen.
4. Lachsfilets unter fließendem kalten Wasser abspülen und trockentupfen. Filets mit Salz und Pfeffer bestreuen.
5. Eier in einer Schüssel verschlagen. Estragon unterrühren. Lachsfilets zuerst in Mehl wenden, dann durch die Eiermasse ziehen und mit Hilfe von 2 Gabeln am Schüsselrand abstreifen.
6. Butter oder Margarine in einer großen Pfanne zerlassen, Speiseöl mit erhitzen. Lachsfilets von beiden Seiten darin anbraten, herausnehmen und auf ein Backblech oder in eine Auflaufform (beides gefettet) legen. Das Backblech oder die Form auf dem Rost in den Backofen schieben.

   Ober-/Unterhitze: etwa 200 °C (vorgeheizt)
   Heißluft: etwa 180 °C (vorgeheizt)
   Gas: Stufe 3–4 (vorgeheizt)
   Garzeit: etwa 10 Minuten.

7. Estragon oder Zitronenthymian abspülen und trockentupfen. Limetten oder Zitronen so schälen, dass die weiße Haut mit entfernt wird. Limetten oder Zitronen zuerst in Scheiben, dann in kleine Stücke schneiden.
8. Lachsschnitzel mit dem Wurzelgemüse auf Tellern anrichten. Mit Estragon oder Zitronenthymian und Limettenstückchen garniert servieren.

Beilage

Salzkartoffeln oder Kartoffelpüree mit Sahne.

Kabeljauschnitzel in Dillpanade

Zubereitungszeit: 80 Min. | Garzeit: etwa 10 Min.
Pro Portion: E: 27 g, F: 21 g, Kh: 5 g, kJ: 1346, kcal: 322 | **Einfach**

8–10 Portionen

2 Bund	*Dill*
4	*Eier (Größe M)*
10	*Kabeljaufilets (je etwa 120 g)*
	Saft von
2	*Zitronen*
	Worcestersauce
	Salz
	frisch gemahlener Pfeffer
4 EL	*Weizenmehl*
40 g	*Butter oder Margarine*
4 EL	*Speiseöl*

Für das Gemüse:

4	*Fleischtomaten (etwa 600 g)*
1	*Salatgurke (etwa 600 g)*
1	*Zwiebel (etwa 60 g)*
100 g	*Butter oder Margarine*
1 Bund	*Dill*

1. Dill unter fließendem kalten Wasser abspülen und trockentupfen. Die Spitzen von den Stängeln zupfen. Spitzen klein schneiden. Eier in einer Schüssel verschlagen. Dill unterrühren.
2. Kabeljaufilets unter fließendem kalten Wasser abspülen und trockentupfen. Kabeljaufilets mit Zitronensaft und Worcestersauce beträufeln. Mit Salz und Pfeffer bestreuen.
3. Kabeljaufilets zuerst in Mehl wenden, dann durch die Dill-Eier-Masse ziehen, am Schüsselrand etwas abstreifen. Butter oder Margarine in einer großen Pfanne zerlassen, Speiseöl mit erhitzen. Kabeljaufilets evtl. portionsweise von beiden Seiten darin anbraten, herausnehmen und auf ein Backblech (gefettet) legen. Das Backblech in den Backofen schieben.

Ober-/Unterhitze: 180–200 °C (vorgeheizt)
Heißluft: 160–180 °C (vorgeheizt)
Gas: etwa Stufe 3 (vorgeheizt)
Garzeit: etwa 10 Minuten.

4. Für das Gemüse Tomaten waschen, trockentupfen, vierteln, entkernen und die Stängelansätze herausschneiden. Tomaten in Würfel schneiden.
5. Gurke schälen, abspülen, trockentupfen und längs halbieren, Kerne mit einem Teelöffel herauskratzen. Gurkenhälften in Stücke schneiden. Zwiebel abziehen und in kleine Würfel schneiden.
6. Butter oder Margarine in einer großen Pfanne zerlassen, Zwiebelwürfel darin glasig dünsten. Tomatenwürfel und Gurkenstücke hinzugeben und unter gelegentlichem Rühren etwa 10 Minuten mitdünsten lassen. Mit Salz und Pfeffer würzen.
7. Dill abspülen und trockentupfen. Die Spitzen von den Stängeln zupfen (einige Zweige zum Garnieren beiseite legen). Spitzen klein schneiden. Kabeljauschnitzel mit dem Gemüse anrichten, mit Dill bestreuen und mit Dillzweigen garniert servieren.

Tipp

Anstelle von Kabeljaufilets können auch andere Fischfilets verwendet werden. Das Fischfleisch sollte aber eine feste Konsistenz haben, z. B. Viktoriabarsch oder Steinbutt. Als zusätzliche Beilage gekochte Kartoffeln oder ein warmer Kartoffelsalat mit Speck.

Kabeljaufilet „Italienische Art“

Zubereitungszeit: 95 Min. | Garzeit: 35–40 Min. | Pro Portion: E: 36 g, F: 16 g, Kh: 9 g, kJ: 1387, kcal: 331 | **Raffiniert**

12 Portionen

6	*Zucchini (etwa 1,2 kg)*
1 Bund oder kleiner Topf	*Zitronenthymian*
6 EL	*Speiseöl*
3 Pck. (je 450 g)	*stückige Tomatensauce*
	Salz
	frisch gemahlener Pfeffer
24	*Kabeljaufilets (je etwa 75 g)*
	Zitronensaft
6	*Eier (Größe M)*
400 ml	*Milch*
200 g	*geriebener Parmesan-Käse*
100 g	*Weizenmehl*
4 EL	*Speiseöl*

Tipp

Etwa 10 Minuten vor Ende der Garzeit 800 g Gnocchi (aus dem Kühlregal) zum Gemüse geben und mit garen lassen oder die Gnocchi in einer Pfanne in erhitztem Speiseöl anbraten und dazu reichen.

1 Zucchini waschen, abtrocknen und die Enden abschneiden. Zucchini längs halbieren und in Scheiben schneiden. Zitronenthymian abspülen und trockentupfen. Die Blättchen von den Stängeln zupfen. Blättchen fein hacken.

2 Speiseöl in einem Bräter erhitzen. Zucchinischeiben darin portionsweise anbraten. Tomatensauce hinzugießen. Mit Salz und Pfeffer würzen, Zitronenthymian hinzufügen. Die Zutaten zum Kochen bringen und 5–10 Minuten bei schwacher Hitze leicht kochen lassen.

3 Kabeljaufilets unter fließendem kalten Wasser abspülen und trockentupfen. Mit Salz und Pfeffer bestreuen. Mit Zitronensaft beträufeln.

4 Eier mit Milch und Käse in einer Schüssel verrühren. Kabeljaufilets zuerst in Mehl wenden, dann durch die Eier-Käse-Mischung ziehen (Filets am Schüsselrand etwas abstreifen).

5 Speiseöl in einer großen Pfanne erhitzen. Die Kabeljaufilets darin portionsweise bei schwacher Hitze von beiden Seiten kurz anbraten.

6 Kabeljaufilets herausnehmen und auf das Zucchinigemüse in den Bräter legen. Den Bräter auf dem Rost in den Backofen schieben.

Ober-/Unterhitze: etwa 200 °C (vorgeheizt)
Heißluft: etwa 180 °C (vorgeheizt)
Gas: Stufe 3–4 (vorgeheizt)
Garzeit: etwa 30 Minuten.

7 Die Kabeljaufilets mit dem Gemüse sofort servieren.

Kabeljaufilet Müllerin

Zubereitungszeit: 50 Min. | Garzeit: etwa 15 Min. | Pro Portion: E: 28 g, F: 17 g, Kh: 5 g, kJ: 1214, kcal: 290 | **Preiswert**

1 Porree putzen, die Stangen längs halbieren. Porree gründlich waschen, abtropfen lassen und in Ringe schneiden.
2 Tomaten waschen, kreuzweise einschneiden und einige Sekunden in kochendes Wasser legen. Tomaten kurz in kaltem Wasser abschrecken, enthäuten, halbieren, entkernen und die Stängelansätze entfernen. Tomatenhälften in Würfel schneiden.
3 Zwei Esslöffel des Speiseöls in einer Pfanne erhitzen. Porreeringe und Tomatenwürfel hinzufügen, unter Rühren andünsten, mit Salz und Pfeffer würzen. Die Gemüsemischung herausnehmen und in eine feuerfeste Form oder Auflaufform geben.
4 Kabeljaufilets unter fließendem kalten Wasser abspülen und trockentupfen. Restliches Speiseöl in der gesäuberten Pfanne erhitzen. Kabeljaufilets darin von beiden Seiten anbraten, mit Salz und Pfeffer würzen. Kabeljaufilets herausnehmen und auf der Gemüsemischung verteilen. Die Form auf dem Rost in den Backofen schieben.

Ober-/Unterhitze: etwa 200 °C (vorgeheizt)
Heißluft: etwa 180 °C (vorgeheizt)
Gas: Stufe 3–4 (vorgeheizt)
Garzeit: etwa 15 Minuten.

5 In der Zwischenzeit Zitrone so schälen, dass die weiße Haut mit entfernt wird. Zitrone in Scheiben schneiden. Petersilie abspülen und trockentupfen. Die Blättchen von den Stängeln zupfen. Blättchen grob hacken. Butter oder Margarine in einer Pfanne zerlassen.
6 Die Form auf einen Rost stellen. Die Fischfilets mit den Zitronenscheiben belegen und mit Petersilie bestreuen. Mit Butter oder Margarine beträufeln. Sofort servieren.

4 Portionen

2 Stangen	*Porree (Lauch, etwa 400 g)*
6	*Tomaten (etwa 500 g)*
4 EL	*Speiseöl*
	Salz
	frisch gemahlener Pfeffer
4	*Kabeljaufilets (je etwa 150 g)*
1	*Zitrone*
1 Bund	*Petersilie*
40 g	*Butter oder Margarine*

Beilage

Salzkartoffeln und Blattsalate.

Zanderfilet auf der Haut gebraten
mit Zitronen-Kapern-Butter und Rauke

Zubereitungszeit: 30 Min. | Pro Portion: E: 22 g, F: 48 g, Kh: 14 g, kJ: 2406, kcal: 574 | **Für Gäste**

2 Portionen

2 Bund	*Rauke (Rucola)*
1 EL	*Weißweinessig*
1 EL	*flüssiger Honig*
1 TL	*körniger Senf*
4 EL	*Sonnenblumenöl*
	Salz
	frisch gemahlener Pfeffer
1	*Zitrone*
200 g	*Zanderfilet mit Haut, geschuppt oder 200 g TK-Zanderfilet*
2 EL	*Speiseöl*
2 EL	*Butter*
2 EL	*feine Kapern*
1 EL	*TK-Petersilie, gehackt*

1 Rauke putzen, gründlich waschen, abtropfen lassen und trockentupfen oder -schleudern. Essig mit Honig und Senf verrühren, Sonnenblumenöl unterschlagen. Mit Salz und Pfeffer abschmecken.

2 Zitrone so schälen, dass die weiße Haut mit entfernt wird. Zitrone filetieren, den Saft dabei auffangen.

3 Zanderfilet (TK-Zanderfilet aufgetaut) unter fließendem kalten Wasser abspülen, trockentupfen und halbieren. Speiseöl in einer Pfanne erhitzen. Zanderfilets mit der Hautseite nach unten in die Pfanne legen und bei mittlerer Hitze kross braten. Butter hinzufügen und zerlassen. Zanderfilet mit einem Pfannenwender umdrehen und weitere 2 Minuten braten. Zanderfilets aus der Pfanne nehmen. Mit Salz und Pfeffer würzen.

4 Den aufgefangenen Zitronensaft und die abgetropften Kapern in die heiße, von der Kochstelle genommene Pfanne geben. Zitronenfilets und Petersilie vorsichtig unterschwenken.

5 Die Zitronen-Kapern-Butter auf 2 Tellern verteilen. Jeweils ein Zanderfilet mit der Hautseite nach oben darauf setzen. Rauke mit dem Dressing marinieren und dazu reichen.

Tipp

Zanderfilet mit ofenfrischem Baguette zum Stippen servieren.

Gebratene Pangasiusfilets
mit Erdnusssauce und asiatischen Gemüsenudeln

Zubereitungszeit: 35 Min., ohne Auftauzeit | Bratzeit: etwa 6 Min.
Pro Portion: E: 47 g, F: 26 g, Kh: 112 g, kJ: 3675, kcal: 872 | **Raffiniert – für Gäste**

2 Portionen

2	*TK-Pangasiusfilets (je etwa 180 g)*
½ Stange	*Porree (Lauch)*
2	*junge Möhren*
4 Stangen	*grüner Spargel*
250 g	*Asianudeln oder schmale Bandnudeln*
1 Topf	*Koriander*
2 EL	*Sesamöl*
	Salz
	frisch gemahlener Pfeffer
2 EL	*Sonnenblumenöl*
1 EL	*Butter*
125 g	*Erdnusssauce (erhältlich im Asialaden)*

1 Pangasiusfilets nach Packungsanleitung auftauen lassen.
2 Porree putzen, gründlich waschen, abtropfen lassen und in breite Streifen schneiden. Möhren putzen, schälen, waschen und abtropfen lassen. Möhren mit einem Sparschäler längs in dünne Streifen schneiden. Vom Spargel das untere Drittel schälen und die unteren Enden abschneiden. Spargelstangen ebenfalls mit dem Sparschäler längs in dünne Streifen schneiden.
3 Die Nudeln in kochendem Salzwasser nach Packungsanleitung garen. Die Möhren- und Gemüsestreifen etwa 2 Minuten vor Ende der Garzeit zu den Nudeln geben und mitgaren lassen. Koriander abspülen und trockentupfen (einige Korianderstängel beiseite legen). Die Blättchen von den Stängeln zupfen.
4 Die Nudeln und Gemüsestreifen in ein Sieb geben, abtropfen lassen und in eine Schüssel geben. Sesamöl und Korianderblättchen unterheben. Mit Salz und Pfeffer abschmecken, warm stellen.
5 Pangasiusfilets unter fließendem kalten Wasser abspülen und trockentupfen. Sonnenblumenöl in einer Pfanne erhitzen. Pangasiusfilets darin von jeder Seite etwa 3 Minuten braten. Butter hinzufügen. Pangasiusfilets von beiden Seiten mit Salz und Pfeffer würzen.
6 Pangasiusfilets mit den Gemüsenudeln und der Erdnusssauce (kalt) anrichten. Mit dem beiseite gelegten Koriander garnieren.

Viktoriabarsch unter der Möhren-Nuss-Kruste

Zubereitungszeit: 70 Min., ohne Auftauzeit | Garzeit: 12–15 Min.
Pro Portion: E: 31 g, F: 28 g, Kh: 13 g, kJ: 1785, kcal: 427 | **Für Gäste**

4 Portionen

4	*TK-Viktoriabarschfilets oder 4 frische Viktoriabarschfilets (je etwa 125 g)*
1	*Möhre (etwa 100 g)*
	Salz
	frisch gemahlener Pfeffer
50 g	*Semmelbrösel*
100 g	*gemahlene Haselnusskerne*
2	*Eier (Größe M)*
2–3 EL	*Speiseöl*
2 EL	*gehackter Koriander*

1 Viktoriabarschfilets nach Packungsanleitung auftauen lassen.

2 Möhre putzen, schälen, waschen, trockentupfen und auf einer Haushaltsreibe fein reiben.

3 Viktoriabarschfilets unter fließendem kalten Wasser abspülen, trockentupfen, mit Salz und Pfeffer bestreuen.

4 Geriebene Möhre mit Semmelbröseln, Haselnusskernen, Eiern und Speiseöl verrühren. Mit Salz und Pfeffer würzen. Koriander unterrühren.

5 Die Möhren-Nuss-Masse auf den Viktoriabarschfilets verteilen und in eine flache Auflaufform (gefettet) legen. Die Form auf dem Rost in den Backofen schieben.

Ober-/Unterhitze: etwa 180 °C (vorgeheizt)
Heißluft: etwa 160 °C (vorgeheizt)
Gas: Stufe 2–3 (vorgeheizt)
Garzeit: 12–15 Minuten (je nach Dicke der Filets).

6 Die Kruste muss goldbraun gebacken sein.

Beilage

Gemischter Salat mit Joghurt-Dressing und Kartoffelrosetten.

Joghurt-Dressing:
1 Becher (125 g) Joghurt mit Salz und Pfeffer sowie etwas Zitronensaft und Olivenöl würzen und über den Salat geben.

Kartoffelrosetten:
*Kartoffelpüreepulver für 4 Personen nach Packungsanleitung, aber mit etwa 1/3 weniger Flüssigkeit anrühren. Die Kartoffelmasse in einen Spritzbeutel mit Sterntülle füllen. Kleine Rosetten auf ein Backblech (30 x 40 cm, gefettet, mit Backpapier belegt) spritzen. Rosetten mit verschlagenem Ei bestreichen. Das Backblech in den Backofen schieben und die Rosetten bei **der oben angegebenen Backofeneinstellung etwa 10 Minuten** backen.*

Viktoriabarsch, gekräutert

Zubereitungszeit: 30 Min. | Garzeit: etwa 25 Min.
Pro Portion: E: 29 g, F: 17 g, Kh: 4 g, kJ: 1175, kcal: 283
Raffiniert

12 Portionen

1,8 kg	*Viktoriabarschfilets*
	Salz
	frisch gemahlener Pfeffer
	Worcestersauce
	Zitronensaft
3 Bund	*Kerbel*
3 Bund	*Petersilie*
3 Bund	*Dill*
600 g	*Cocktailtomaten*
6 EL	*Speiseöl*
200 ml	*Gemüsebrühe oder Fischfond*
200 g	*Knoblauchbutter*

1 Viktoriabarschfilets unter fließendem kalten Wasser abspülen und trockentupfen. Filets in Streifen oder Würfel schneiden. Mit Salz, Pfeffer, Worcestersauce und Zitronensaft würzen.
2 Kerbel, Petersilie und Dill abspülen und trockentupfen. Die Blättchen bzw. Spitzen von den Stängeln zupfen. Blättchen und Spitzen klein schneiden. Cocktailtomaten waschen, abtropfen lassen und die Stängelansätze herausschneiden.
3 Speiseöl in einer beschichteten Pfanne erhitzen. Die Fischstreifen oder -würfel darin portionsweise von beiden Seiten kross anbraten, herausnehmen und in einen großen Bräter legen. Cocktailtomaten in dem verbliebenen Bratfett andünsten und zu den Fischstücken in den Bräter geben. Kräuter darauf verteilen. Brühe oder Fischfond hinzugießen. Knoblauchbutter zerlassen und darauf träufeln.
4 Den Bräter auf dem Rost in den Backofen schieben.

Ober-/Unterhitze: etwa 200 °C (vorgeheizt)
Heißluft: etwa 180 °C (vorgeheizt)
Gas: Stufe 3–4 (vorgeheizt)
Garzeit: etwa 25 Minuten.

5 Das Fischgericht sofort servieren.

Beilage

Ofenwarmes Baguette und frische Salate.

Variante

*Dazu kann eine **Tomatensauce** serviert werden: Dafür 1 Gemüsezwiebel abziehen und in Würfel schneiden, in 3 Esslöffeln Olivenöl andünsten. 2 Dosen (je 800 g) geschälte Tomaten und 2 Esslöffel Tomatenmark hinzufügen und unter Rühren 5–10 Minuten garen. Dabei die Tomaten zerkleinern. Mit Salz, Pfeffer und gerebeltem Oregano würzen und zum Fisch servieren.*

Lachs mit grüner Sauce

Zubereitungszeit: 30 Min. | Pro Portion: E: 32 g, F: 55 g, Kh: 3 g, kJ: 2653, kcal: 634 | **Einfach**

2 Portionen

Für die Sauce:

je ½ Bund	*glatte Petersilie, Dill und Kerbel*
4 EL	*Delikatessmayonnaise*
4 EL	*Naturjoghurt*
	Salz
	frisch gemahlener Pfeffer
	Zitronensaft
2	*Lachsschnitten mit Haut, geschuppt (je etwa 160 g)*
2 EL	*Olivenöl*
1 EL	*Butter*

1 Für die Sauce Kräuter abspülen und trockentupfen. Von den Kräutern jeweils 4 Stängel beiseite legen. Von den restlichen Kräutern die Blättchen bzw. Spitzen von den Stängeln zupfen. Blättchen und Spitzen klein schneiden.

2 Mayonnaise mit Joghurt glatt rühren, mit Salz, Pfeffer und einem Spritzer Zitronensaft würzen. Klein geschnittene Kräuter unterrühren.

3 Lachsschnitten unter fließendem kalten Wasser abspülen und trockentupfen. Olivenöl in einer Pfanne erhitzen. Lachsschnitten mit der Hautseite nach unten in die Pfanne legen und bei mittlerer Hitze kross braten.

4 Butter hinzugeben, aufschäumen lassen und die Lachsschnitten wenden. Die Pfanne von der Kochstelle nehmen. Lachschnitten kurz gar ziehen lassen.

5 Die grüne Sauce auf 2 Tellern verteilen. Die Lachsschnitten mit Salz und Pfeffer würzen und mit der Hautseite nach oben in die Sauce setzen. Mit den beiseite gelegten Kräuterstängeln garnieren und sofort servieren.

Tipp

Lachs ist einer der beliebtesten Fische in der Küche. Es gibt ihn sowohl aus Wildfängen als auch aus Aquakulturen.

Röllchen von Atlantikzungen „Kreolische Art"

Zubereitungszeit: 40 Min., ohne Auftauzeit | Garzeit: etwa 30 Min.
Pro Portion: E: 29 g, F: 8 g, Kh: 5 g, kJ: 880, kcal: 210 | **Für Gäste**

12 Portionen

24	*TK-Atlantikzungenfilets (je etwa 80 g)*
	Salz
	frisch gemahlener Pfeffer
1	*Staudensellerie (etwa 500 g)*
2	*rote Paprikaschoten (je etwa 200 g)*
1 Bund	*Frühlingszwiebeln (etwa 250 g)*
1 Glas	*grüne Oliven in Scheiben (Abtropfgewicht 170 g)*
4 EL	*Speiseöl*
1 Pck. (450 g)	*stückige Tomatensauce (Tetrapak)*
400 ml	*Gemüsebrühe oder Fischfond*
	Salz
	frisch gemahlener Pfeffer
	Knoblauchpulver
2	*getrocknete oder 1 frische Chilischote*

Außerdem:

24	*kleine Holzstäbchen*

1 Atlantikzungenfilets nach Packungsanleitung auftauen lassen. Atlantikzungenfilets evtl. längs halbieren, unter fließendem kalten Wasser abspülen und trockentupfen. Filets salzen und pfeffern und mit der Hautseite nach innen zu Röllchen drehen. Röllchen mit einem Holzstäbchen feststecken.

2 Staudensellerie putzen und die harten Außenfäden abziehen. Staudensellerie waschen, abtropfen lassen und in etwa 1 cm lange Stücke schneiden. Paprika halbieren, entstielen, entkernen und die weißen Scheidewände entfernen. Schoten waschen, abtropfen lassen und grob würfeln. Frühlingszwiebeln putzen, waschen, abtropfen lassen und in 1–2 cm lange Stücke schneiden. Oliven in einem Sieb abtropfen lassen.

3 Speiseöl in einem großen Bräter erhitzen. Selleriestücke und Paprikawürfel darin andünsten. Zwiebelstücke und Olivenscheiben mit andünsten und etwa 10 Minuten schmoren lassen. Tomatensauce und Brühe oder Fond hinzugießen. Mit Salz, Pfeffer, Knoblauch und Chili (frische Chili abspülen und trockentupfen) herzhaft würzen. Den Bräter auf dem Rost in den Backofen schieben.

Ober-/Unterhitze: etwa 200 °C (vorgeheizt)
Heißluft: etwa 180 °C (vorgeheizt)
Gas: Stufe 3–4 (vorgeheizt)
Garzeit: etwa 30 Minuten.

4 Nach etwa 20 Minuten Garzeit die Atlantikzungenröllchen auf das Gemüse legen und fertig garen.

5 Röllchen von Atlantikzungen mit dem Gemüse servieren.

Beilage

Langkornreis oder Weißbrot.

Tipp

Statt Atlantikzungenfilets können Sie auch Schollen- oder Seezungenfilets verwenden.

Lachs in Sahnesauce

Zubereitungszeit: 35 Min. | Garzeit: etwa 20 Min. | Pro Portion: E: 32 g, F: 49 g, Kh: 10 g, kJ: 2602, kcal: 623 **| Raffiniert**

4 Portionen

1	*Lachsfilet (etwa 600 g), ohne Haut und Gräten*
	Salz
	frisch gemahlener Pfeffer
40 g	*Butter*
1 Bund	*Suppengrün (Möhre, Porree [Lauch], Sellerie, Petersilie)*
1	*mittelgroße Zwiebel*
1 geh. EL	*Weizenmehl*
400 g	*Schlagsahne*
125 ml (1/8 l)	*Gemüsebrühe*
	Saft von
1/2	*Zitrone*
1 kleines Bund	*Kerbel*

1 Lachsfilet unter fließendem kalten Wasser abspülen, trockentupfen, mit Salz und Pfeffer bestreuen. Lachsfilet in 4–6 gleich große Stücke schneiden. Den Boden einer Auflaufform mit etwas von der Butter fetten. Die Lachsfilets in die Form legen.

2 Suppengrün putzen, waschen und abtropfen lassen. Möhre, Porree (Lauch) und Sellerie in sehr kleine Würfel schneiden, Petersilie fein hacken. Zwiebel abziehen und ebenfalls klein würfeln.

3 Restliche Butter in einem Topf erhitzen, Zwiebel- und Suppengrünwürfel darin andünsten, Petersilie hinzufügen. Mehl und Sahne mit einem Schneebesen verrühren, mit der Gemüsebrühe zu den Gemüsewürfeln geben und gut unterrühren.

4 Die Sauce unter Rühren zum Kochen bringen und etwa 2 Minuten unter Rühren kochen lassen, mit Salz, Pfeffer und Zitronensaft abschmecken. Die Sauce auf den Lachsfiletstücken verteilen. Die Form ohne Deckel auf dem Rost in den Backofen schieben.

Ober-/Unterhitze: etwa 200 °C (vorgeheizt)
Heißluft: etwa 180 °C (vorgeheizt)
Gas: Stufe 3–4 (vorgeheizt)
Garzeit: etwa 20 Minuten.

5 Kerbel abspülen und trockentupfen. Die Blättchen von den Stängeln zupfen. Den Lachs mit Kerbelblättchen garniert sofort servieren.

Beilage

Salzkartoffeln.

Tipp

Es kann auch TK-Lachsfilet verwendet werden. Dann Lachsfilet vor der Zubereitung auftauen lassen.

Viktoriabarsch unter der Kräuterkruste

Zubereitungszeit: 25 Min. | Garzeit: etwa 12 Min. | Pro Portion: E: 41 g, F: 21 g, Kh: 23 g, kJ: 1870, kcal: 447 | **Preiswert**

1 Viktoriabarschfilets unter fließendem kalten Wasser abspülen, trockentupfen, mit Salz und Pfeffer bestreuen. Die Fischfilets auf ein Backblech (gefettet) legen und mit Senf (Oberseite) bestreichen.
2 Schnittlauch abspülen, trockentupfen und in Röllchen schneiden. Dill und Kerbel abspülen. Die Spitzen bzw. Blättchen von den Stängeln zupfen. Dillspitzen und Kerbelblättchen getrennt klein schneiden.
3 Semmelbrösel mit Olivenöl zu einer zähflüssigen Paste verrühren. Schnittlauchröllchen, Dill und Kerbel unterrühren. Mit Salz und Pfeffer würzen.
4 Die Kräuterpaste mit einem Esslöffel auf den Fischfilets verteilen. Butterflöckchen darauf geben. Das Backblech in den Backofen schieben und die Fischfilets überbacken.

Ober-/Unterhitze: etwa 200 °C (vorgeheizt)
Heißluft: etwa 180 °C (vorgeheizt)
Gas: Stufe 3–4 (vorgeheizt)
Garzeit: etwa 12 Minuten (je nach Dicke des Fischfilets).

5 Falls die Kräuterkruste zu schnell dunkel wird, die Oberhitze ausschalten oder die Fischfilets mit Alufolie zudecken.

4 Portionen

4	*Viktoriabarschfilets (je etwa 200 g)*
	Salz
	frisch gemahlener Pfeffer
2 EL	*Dijonsenf*
je 1 Bund	*Schnittlauch, Dill, Kerbel*
8 EL	*Semmelbrösel*
4 EL	*Olivenöl*
2 EL	*Butter*

Beilage

Schneidebohnen und Tomatenbutter.
Für die Schneidebohnen (Stangenbohnen) 400 g Schneidebohnen putzen, waschen, abtropfen lassen und in Rauten schneiden. Bohnen in kochendem Salzwasser gar kochen und in einem Sieb abtropfen lassen. 2 Esslöffel Butter in einem Topf zerlassen, Bohnen hinzufügen. Mit Salz und Pfeffer würzen. Für die Tomatenbutter 1 kleine Zwiebel abziehen und in kleine Würfel schneiden. Einen Esslöffel Olivenöl in einem kleinen Topf erhitzen, Zwiebelwürfel darin andünsten. 500 ml (1/2 l) Tomatensaft hinzugießen, zum Kochen bringen und bei schwacher Hitze etwa 10 Minuten kochen lassen. Mit Salz, Pfeffer und Zucker würzen. 2 Esslöffel Butter hinzufügen und mit einem Pürierstab unterarbeiten. Die Tomatenbutter auf 4 Tellern verteilen. Die Bohnen darauf legen. Die Viktoriabarschfilets darauf anrichten.

Tipp

Sie können auch TK-Viktoriabarschfilets verwenden, dann die Filets vor der Zubereitung auftauen lassen.

Viktoriabarsch mit roter Bete, Feldsalat und Dillschmand

Zubereitungszeit: 45 Min. | Garzeit: 8–10 Min. | Pro Portion: E: 40 g, F: 33 g, Kh: 17 g, kJ: 2247, kcal: 538 | **Für Gäste**

4 Portionen

Für den Rote-Bete-Salat:

1 Bio-Orange (unbehandelt, ungewachst)
1 Pck. (250 g) gekochte rote Bete (Vakuum)
2 EL Himbeeressig
1 EL flüssiger Honig
2 EL mildes Olivenöl
Salz
frisch gemahlener Pfeffer

Für den Feldsalat:

400 g Feldsalat
2 EL Weißweinessig
1 EL flüssiger Honig
5 EL Walnussöl
Salz
frisch gemahlener Pfeffer

Für den Dillschmand:

½ Bund Dill
1 Becher (150 g) Crème fraîche
Salz
frisch gemahlener Pfeffer

800 g Viktoriabarschfilet
Sonnenblumenöl zum Anbraten

1 Für den Rote-Bete-Salat Orange heiß abwaschen und abtrocknen. Orange mit einem Zestenreißer schälen oder die Schale mit einer kleinen Reibe abreiben. Den Saft auspressen.

2 Rote Bete in Spalten schneiden und in eine Schüssel geben. Orangenschale und -saft mit Himbeeressig und Honig verrühren. Olivenöl unterschlagen. Mit Salz und Pfeffer würzen. Die Marinade zu den Rote-Bete-Spalten geben und vorsichtig untermengen.

3 Für den Feldsalat von dem Feldsalat die Wurzelenden abschneiden. Schlechte Blätter entfernen. Den Salat gründlich waschen und abtropfen lassen. Essig mit Honig verrühren, Walnussöl unterschlagen. Mit Salz und Pfeffer würzen.

4 Für den Dillschmand Dill abspülen und trockentupfen. Die Spitzen von den Stängeln zupfen. Spitzen klein schneiden. Crème fraîche glatt rühren, Dill unterrühren. Mit Salz und Pfeffer würzen.

5 Viktoriabarschfilet unter fließendem kalten Wasser abspülen, trockentupfen und in 4 Portionen schneiden. Sonnenblumenöl in einer Pfanne erhitzen. Viktoriabarschfilets hinzufügen und von jeder Seite 4–5 Minuten braten. Mit Salz und Pfeffer würzen.

6 Den Feldsalat in eine Schüssel geben und mit dem Dressing vermischen. Viktoriabarschfilets mit der roten Bete, dem Dillschmand und dem Feldsalat servieren.

Fisch-Shrimps-Auflauf

4–6 Portionen

6	*TK-Schollenfilets (je etwa 80 g)*
3 Scheiben	*TK-Lachsfilet (etwa 400 g)*
200 g	*TK-Grönland-Shrimps*
100 ml	*Weißwein*
etwas	*Zitronensaft*
1 kleines Glas	*Champignons (Abtropfgewicht 295 g)*

Für die Dillsauce:

75 g	*weiche Butter*
1 EL	*Weizenmehl*
250 g	*Schlagsahne*
1 TL	*mittelscharfer Senf*
etwas	*Zitronensaft*
	Salz
	frisch gemahlener Pfeffer
1 Prise	*Zucker*
2 Bund	*Dill*

Zubereitungszeit: 50 Min., ohne Auftauzeit | Garzeit: etwa 20 Min.
Pro Portion: E: 43 g, F: 37 g, Kh: 5 g, kJ: 2263, kcal: 541
Für Gäste – mit Alkohol

1 Schollenfilets, Lachsfiletscheiben und Shrimps nach Packungsanleitung auftauen lassen. Den Fisch evtl. unter fließendem kalten Wasser abspülen und trockentupfen.
2 Schollenfilets längs halbieren und so aufrollen, dass die Hautseite innen liegt. Die Fischröllchen in eine Auflaufform (gefettet) setzen. Weißwein hinzufügen.
3 Lachsfiletscheiben im Stück in die Auflaufform geben oder in große Würfel (3 x 3 cm) schneiden und mit den Shrimps zwischen den Schollenfiletröllchen verteilen. Den ganzen Fisch mit Zitronensaft beträufeln. Champignons in einem Sieb abtropfen lassen, vierteln und mit in die Auflaufform geben.
4 Für die Sauce Butter geschmeidig rühren. Mehl unterarbeiten. Sahne, Senf und Zitronensaft unterrühren. Mit Salz, Pfeffer und Zucker würzen.
5 Dill abspülen und trockentupfen. Die Spitzen von den Stängeln zupfen (einen Dillzweig zum Garnieren beiseite legen), Spitzen klein schneiden und unter die Sauce rühren. Die Dillsauce auf dem Fisch verteilen. Die Form auf dem Rost in den Backofen schieben.

Ober-/Unterhitze: etwa 200 °C (vorgeheizt)
Heißluft: etwa 180 °C (vorgeheizt)
Gas: Stufe 3–4 (vorgeheizt)
Garzeit: etwa 20 Minuten.

6 Den Fisch-Shrimps-Auflauf mit dem beiseite gelegten Dillzweig sofort servieren.

Tipp

Dazu schmeckt Reis, den Sie auch im Backofen garen können. Dazu 300 g Basmati- oder Langkornreis in eine Auflaufform geben, mit etwas Salz bestreuen und mit 450 ml Wasser auffüllen. Eine Zwiebel abziehen und in die Mitte der Auflaufform setzen. Die Form mit dem Deckel oder Alufolie verschließen und auf dem Rost in den Backofen schieben. Den Reis bei der oben angegebenen Backofeneinstellung etwa 30 Minuten garen.

Garnelenpfanne

Zubereitungszeit: 35 Min. | Garzeit: etwa 5 Min.
Pro Portion: E: 45 g, F: 32 g, Kh: 6 g, kJ: 2149, kcal: 513 | **Raffiniert – mit Alkohol**

4 Portionen

2	*mittelgroße Zwiebeln*
6	*Tomaten*
6 EL	*Olivenöl*
2	*Knoblauchzehen*
	Salz
125 ml (1/8 l)	*Weißwein*
125 ml (1/8 l)	*kräftige Hühnerbrühe*
3 EL	*frisch gehackter Dill*
1 EL	*frisch gehackte Petersilie*
einige	*Safranfäden*
300 g	*Feta-Käse*
600 g	*Garnelen (ohne Schale)*

1 Zwiebeln abziehen und in kleine Würfel schneiden. Tomaten waschen, kreuzweise einschneiden und einige Sekunden in kochendes Wasser legen. Tomaten kurz in kaltem Wasser abschrecken, enthäuten, halbieren, entkernen und die Stängelansätze entfernen. Tomaten in kleine Stücke schneiden.
2 Olivenöl in einer Pfanne erhitzen, Zwiebelwürfel darin andünsten. Tomatenstücke hinzufügen und mitdünsten lassen.
3 Knoblauch abziehen, klein hacken, mit Salz zu einer Paste verreiben und zur Zwiebel-Tomaten-Masse geben. Weißwein und Brühe hinzugießen. Die Zutaten gut verrühren und aufkochen lassen. Dill, Petersilie und Safranfäden hinzufügen. Feta-Käse in kleine Würfel schneiden und unterrühren.
4 Von den Garnelen evtl. den Darm entfernen. Garnelen unter fließendem kalten Wasser abspülen und trockentupfen. Garnelen in die Tomatensauce legen und etwa 5 Minuten gar ziehen lassen.

Tipp

Garnelenpfanne mit gehackter Petersilie bestreut servieren.

Moderne Fischgerichte

Seite 86 – 111

Für die Trendsetter unter den Fischgenießern

80 Grad Lachs
Grüne Muscheln am Spieß
Miesmuscheln nach Matrosenart
Geschmorte Garnelen
Pikante Garnelen aus dem Ofen
Seelachsfilet in Folie gegart
Heilbutt mit Gemüse in Folie gegart
Meeräsche in der Salzkruste mit Artischocken
Eingepacktes Fischfilet
Schollenfilets in der Pergamenthülle
Gefüllte Makrelen
Makrelen auf Mittelmeerart
Tilapiafilet im Wirsingblatt
Gespicktes Doradenfilet
Tunfischsteaks mit Kräutern
Asiatische Lachsstücke
Seeteufel mit geschmolzenen Tomaten und Oliven
Seeteufel mit Chorizo und Bohnen
Pikanter Fischauflauf
Kabeljaukoteletts auf Zucchini-Risotto
Roh gebratener Tunfisch mit schwarzem und weißem Sesam

80 Grad Lachs

Zubereitungszeit: 25 Min. | Garzeit: etwa 40 Min. | Pro Portion: E: 29 g, F: 18 g, Kh: 5 g, kJ: 1234, kcal: 295 | **Für Gäste**

4–6 Portionen

1 Seite	*Lachsfilet auf der Haut, grätenfrei (800 g)*
3 EL	*Meersalz*
3 EL	*gestoßener, schwarzer Pfeffer*
6 Stängel	*Basilikum*
2	*Bio-Zitronen (unbehandelt, ungewachst)*
4 EL	*kalt gepresstes Olivenöl*

1 Den Backofen bei Ober-/Unterhitze auf 80 °C vorheizen. Das Backblech in den Backofen schieben und mit erwärmen. Lachsfilet unter fließendem kalten Wasser abspülen und trockentupfen.
2 Die Lachsseite mit der Haut nach unten auf das warme Backblech (leicht gefettet) legen. Lachsfilet mit Salz und Pfeffer würzen. Basilikum abspülen und trockentupfen. Die Blättchen von den Stängeln zupfen. Die Hälfte der Blättchen grob zerkleinern und auf dem Lachsfilet verteilen.
3 Das Backblech wieder in den Backofen schieben. Das Lachsfilet etwa 40 Minuten garen.
4 Zitronen heiß abwaschen und trockenreiben. Die Schale mit einer Reibe fein abreiben, den Saft auspressen. Restliche Basilikumblättchen grob zerschneiden.
5 Lachsfilet mit einer Gabel überprüfen, ob es gar ist. Es sollte gar, aber noch sehr saftig sein.
6 Das gare Lachsfilet mit der Gabel von der Haut nehmen und auf eine flache Platte legen. Lachsfilet mit Basilikum, Zitronenschale, Olivenöl und etwas Zitronensaft marinieren.

Beilage

Neue Kartoffeln und grüner Salat.

Tipp

Lachsfilet schmeckt am besten lauwarm, wenn es gerade aus dem Backofen kommt.
Es kann auch TK-Lachsfilet verwendet werden. Dann Lachsfilet vor der Zubereitung auftauen lassen.

Grüne Muscheln am Spieß

Zubereitungszeit: 25 Min., ohne Auftauzeit | Garzeit: etwa 20 Min.
Pro Portion: E: 28 g, F: 10 g, Kh: 5 g, kJ: 909, kcal: 217 | **Einfach – für Gäste**

4 Portionen

560 g	*grüne TK-Muscheln (Muschelfleisch von Grünschalmuscheln, 12 Muscheln pro Portion)*
24	*dünne Scheiben Frühstücksspeck (etwa 300 g)*
100 g	*Knoblauch-Kräuterbutter*
	frisch gemahlener Pfeffer

Außerdem:

Alufolie
Grillspieße aus Holz oder Metall

1 Muscheln nach Packungsanleitung oder über Nacht im Kühlschrank auftauen lassen. Speckscheiben quer halbieren.

2 Die einzelnen Muscheln mit je einer halbierten Speckscheibe umwickeln und auf Spieße stecken (je Spieß 6 Muscheln).

3 Butter zerlassen. Muschelspieße auf ein Backblech (mit Alufolie belegt) legen. Die Spieße mit der zerlassenen Butter bestreichen und mit Pfeffer bestreuen. Spieße mit Alufolie zudecken. Das Backblech in den Backofen schieben.

Ober-/Unterhitze: etwa 200 °C (vorgeheizt)
Heißluft: etwa 180 °C (vorgeheizt)
Gas: Stufe 3–4 (vorgeheizt)
Garzeit: etwa 20 Minuten.

Beilage

Frisch gebratene Knoblauchbrotscheiben und frische Salate in Essig-Öl-Dressing.

Tipp

Zusätzlich Limetten- oder Zitronenhälften mit backen lassen.

Miesmuscheln nach Matrosenart

Zubereitungszeit: 30 Min. | Dämpfzeit: etwa 8 Min.
Pro Portion: E: 5 g, F: 63 g, Kh: 3 g, kJ: 2493, kcal: 595 | **Klassisch – mit Alkohol**

2 Portionen – Zubereitung im Topf mit Dämpfeinsatz (etwa 24 cm)

500 g	Miesmuscheln
2	Knoblauchzehen
4	Thymianzweige
200 ml	trockener Weißwein
200 ml	Wasser
2	Lorbeerblätter

Für das Dressing:

1	Zwiebel
1–2 EL	Weißweinessig
1 EL	gehackte Kapern
3 EL	gehackte Petersilie
125 ml (1/8 l)	Olivenöl
	Salz
	frisch gemahlener Pfeffer

Beilage

Vollkornbrot mit Butter bestrichen und mit Schnittlauchröllchen bestreut.

1 Miesmuscheln gründlich in kaltem Wasser waschen und abbürsten, evtl. vorhandene Bartbüschel entfernen. Bereits geöffnete Miesmuscheln sind ungenießbar. Muscheln in einen Dämpfeinsatz geben. Darauf achten, dass nicht alle Dampfaustrittslöcher bedeckt sind.

2 Knoblauch abziehen und zerdrücken. Thymian abspülen und trockentupfen. Weißwein mit Wasser, Lorbeerblättern, Knoblauch und Thymian in einem Topf zum Kochen bringen. Den Dämpfeinsatz hineingeben. Den Topf mit einem Deckel verschließen. Die Muscheln etwa 8 Minuten dämpfen. Nach dem Dämpfen ungeöffnete Muscheln entfernen, da sie ungenießbar sind.

3 Für das Dressing Zwiebel abziehen und in kleine Würfel schneiden. Essig mit Zwiebelwürfeln, Kapern und Petersilie verrühren. Olivenöl unterschlagen. Dressing mit Salz und Pfeffer abschmecken und über die geöffneten Miesmuscheln geben.

Geschmorte **Garnelen**

Zubereitungszeit: 40 Min., ohne Auftauzeit
Pro Portion: E: 46 g, F: 15 g, Kh: 27 g, kJ: 2011, kcal: 482 | **Mit Alkohol**

2 Portionen

16	TK-Garnelen ohne Kopf, Schale und Darm (etwa 400 g)
50 g	frischer Ingwer
1	Knoblauchzehe
4	Frühlingszwiebeln
2	kleine Möhren
125 g	Mini-Maiskolben (erhältlich im Asialaden)
2 EL	Sonnenblumenöl
200 ml	Reiswein
4 EL	süße Sojasauce
	Salz
8 Stängel	Koriander

1 TK-Garnelen nach Packungsanleitung auftauen lassen. Garnelen unter fließendem kalten Wasser abspülen und trockentupfen.
2 Ingwer schälen, abspülen, trockentupfen und in kleine Würfel schneiden. Knoblauch abziehen und durch eine Knoblauchpresse drücken. Frühlingszwiebeln putzen, waschen, abtropfen lassen und in längliche Stücke schneiden. Möhren putzen, schälen, waschen, abtropfen lassen und in Scheiben schneiden. Maiskolben waschen und abtropfen lassen.
3 Sonnenblumenöl in einem Topf erhitzen. Ingwerwürfel, Knoblauch, Frühlingszwiebelstücke, Möhrenscheiben und Maiskolben darin andünsten. Garnelen hinzufügen und mit andünsten. Reiswein hinzugießen und zum Kochen bringen. Garnelen ohne Deckel so lange kochen lassen, bis die Flüssigkeit verdampft ist. Sojasauce hinzugießen und die Garnelen glasieren. Mit Salz würzen.
4 Koriander abspülen und trockentupfen. Garnelen mit Korianderstängeln garniert servieren.

Beilage

Duftreis oder Glasnudeln.

Pikante Garnelen aus dem Ofen

Zubereitungszeit: 30 Min., ohne Auftauzeit | Garzeit: etwa 15 Min.
Pro Portion: E: 43 g, F: 16 g, Kh: 12 g, kJ: 1552, kcal: 371 | **Für Gäste**

2 Portionen

16	*TK- oder frische Riesengarnelen*
2	*Knoblauchzehen*
1	*rote Zwiebel*
10	*Cocktailtomaten*
4 Stängel	*Thymian*
2 Stängel	*Petersilie*
1–2	*getrocknete Chilischoten*
	Meersalz
1 EL	*grob gemahlener, schwarzer Pfeffer*
2–3 EL	*Olivenöl*

1. TK-Garnelen nach Packungsanleitung auftauen lassen. Garnelen unter fließendem kalten Wasser abspülen und trockentupfen, evtl. den Darm entfernen.
2. Knoblauch mit der flachen Hand aufschlagen. Zwiebel abziehen, zuerst in dünne Scheiben schneiden, dann in Ringe teilen. Tomaten waschen, trockentupfen, waagerecht halbieren und evtl. die Stängelansätze entfernen.
3. Thymian und Petersilie abspülen, trockentupfen. Die Blättchen von den Stängeln zupfen. Petersilienblättchen klein schneiden.
4. Garnelen in eine Schüssel geben. Knoblauchzehen mit der Schale, Zwiebelringe, Thymianblättchen, Petersilie und Tomatenhälften untermischen. Chilischote darauf zerbröseln. Mit Salz und Pfeffer kräftig würzen. Olivenöl unterheben.
5. Die Garnelenmischung in eine feuerfeste Form oder Auflaufform geben. Die Form auf dem Rost in den Backofen schieben.

   Ober-/Unterhitze: etwa 200 °C (vorgeheizt)
   Heißluft: etwa 180 °C (vorgeheizt)
   Gas: Stufe 3–4 (vorgeheizt)
   Garzeit: etwa 15 Minuten.

6. Die Garnelen während der Garzeit einmal umrühren und mit dem Fischfond begießen.
7. Die Garnelen aus dem Backofen nehmen und in der Form sofort servieren.

Beilage

Ofenfrisches Baguette.

Tipp

Den Fischfond mit Brot auftunken.
Garnelen nach Möglichkeit bei Heißluft garen.
Garnelen mit einem Thymianzweig garniert servieren.

Seelachsfilet in Folie gegart

Zubereitungszeit: 25 Min. | Garzeit: 20–25 Min. | Pro Portion: E: 35 g, F: 10 g, Kh: 7 g, kJ: 1093, kcal: 260 | **Raffiniert**

4 Portionen

4 Scheiben	Seelachsfilet (je etwa 180 g)
	Jodsalz
	frisch gemahlener Pfeffer
2 kleine Stangen	Porree (Lauch)
2 EL	Speiseöl
4	Tomaten
½ Bund	glatte Petersilie
3 EL	Röstzwiebeln

Außerdem:

4 Bögen	Alufolie (je etwa 20 x 30 cm)

1 Seelachsfilets unter fließendem kalten Wasser abspülen und trockentupfen. Mit Salz und Pfeffer bestreuen.

2 Porree putzen, die Stangen längs halbieren. Porree gründlich waschen, abtropfen lassen und in feine Streifen schneiden. Speiseöl in einem Topf erhitzen, Porreestreifen hinzugeben und unter mehrmaligem Wenden etwa 3 Minuten dünsten. Mit Salz und Pfeffer würzen.

3 Vier Bögen Alufolie auf einer Arbeitsfläche ausbreiten. Die Porreestreifen darauf verteilen. Je 1 Scheibe Seelachsfilet darauf legen.

4 Tomaten waschen, abtrocknen und die Stängelansätze herausschneiden. Tomaten in große Würfel schneiden. Petersilie abspülen und trockentupfen. Die Blättchen von den Stängeln zupfen. Blättchen grob hacken. Tomatenwürfel mit Petersilie und Röstzwiebeln mischen und auf den Seelachsfiletscheiben verteilen.

5 Fisch und Gemüse in der Alufolie fest einpacken und auf ein Backblech legen. Das Backblech in den Backofen schieben.

Ober-/Unterhitze: etwa 200 °C (vorgeheizt)
Heißluft: etwa 180 °C (vorgeheizt)
Gas: Stufe 3–4 (vorgeheizt)
Garzeit: 20–25 Minuten.

6 Jeweils 1 Seelachsfilet-Päckchen auf einen Teller legen, Alufolie öffnen und den Fisch sofort servieren.

Beilage

Pellkartoffeln.

Tipp

Statt Alufolie kann auch Backpapier verwendet werden.

Heilbutt mit Gemüse in Folie gegart

Zubereitungszeit: 35 Min. | Grillzeit: 15–20 Min.
Pro Portion: E: 52 g, F: 17 g, Kh: 4 g, kJ: 1591, kcal: 381 | **Etwas aufwändiger**

8 Portionen

8	*frische Heilbuttfilets (je etwa 250 g)*
500 g	*Möhren*
300 g	*Knollensellerie*
2 Stangen	*Porree (Lauch)*
120 g	*Butter*
1 TL	*Salz*
etwas	*Zitronensaft und -schale*
	frisch gemahlener Pfeffer

Außerdem:

8 Bögen	*Alufolie*

1 Heilbuttfilets unter fließendem kalten Wasser abspülen und trockentupfen.
2 Möhren und Sellerie putzen, schälen, abspülen, abtropfen lassen und in sehr kleine Würfel schneiden. Porree putzen und die Stangen längs halbieren. Porree gründlich waschen, abtropfen lassen und in Streifen schneiden.
3 Butter in einem Topf zerlassen. Möhren-, Selleriewürfel und Porreestreifen darin andünsten. Mit Salz, Zitronensaft und -schale würzen.
4 Jeweils etwas von dem Gemüse auf je ein Stück Alufolie geben. Je ein Stück Heilbuttfilet darauf legen. Mit Salz und Pfeffer bestreuen. Die Heilbuttfilets mit dem Gemüse in der Alufolie fest verschließen.
5 Die Gemüse-Heilbuttfilet-Päckchen auf den vorgeheizten Grill legen und 15–20 Minuten grillen.
6 Die Heilbutt-Päckchen öffnen und in der Folie servieren.

Meeräsche in der Salzkruste mit Artischocken

Zubereitungszeit: 40 Min. | Garzeit: etwa 25 Min.
Pro Portion: E: 51 g, F: 29 g, Kh: 6 g, kJ: 2035, kcal: 487 | **Gut vorzubereiten**

2 Portionen

1	*küchenfertige Meeräsche, ungeschuppt (etwa 700 g)*
2 Stängel	*Rosmarin*
2	*Knoblauchzehen*
1	*Bio-Zitrone (unbehandelt, ungewachst)*
1,5 kg etwa	*grobes Meersalz*
50 ml	*Wasser*
1	*Eiweiß (Größe M)*
1	*kleine Zucchini*
1 Glas	*Artischockenherzen (Abtropfgewicht 175 g)*
4 Stängel	*Thymian*
	Salz
	frisch gemahlener Pfeffer

1. Meeräsche von innen und außen unter fließendem kalten Wasser abspülen und trockentupfen. Rosmarin abspülen, trockentupfen und in Stücke schneiden. Knoblauch ungeschält grob zerhacken. Zitrone heiß abwaschen, abtrocknen und die Schale mit einem Sparschäler abschälen.
2. Rosmarin, Knoblauch und Zitronenschale in die Bauchhöhle der Meeräsche füllen.
3. Salz mit Wasser und Eiweiß zu einem Teig verrühren. Den Boden einer feuerfesten Form oder eines Backblechs mit 1/3 des Salzteiges belegen. Die gefüllte Meeräsche darauf legen und mit dem restlichen Salzteig so belegen, dass der Fisch komplett verhüllt ist.
4. Die Form auf dem Rost oder das Backblech in den Backofen schieben.

Ober-/Unterhitze: etwa 180 °C (vorgeheizt)
Heißluft: etwa 160 °C (vorgeheizt)
Gas: Stufe 2–3 (vorgeheizt)
Garzeit: etwa 25 Minuten.

5. Zucchini waschen, abtrocknen und die Enden abschneiden. Zucchini in etwa 5 mm dicke Scheiben schneiden. Die Artischockenherzen in einem Sieb abtropfen lassen, das Öl dabei auffangen. Artischockenherzen halbieren. Thymian abspülen und trockentupfen. Die Blättchen von den Stängeln zupfen.
6. Das aufgefangene Öl in einer Pfanne erhitzen. Zucchinischeiben darin von beiden Seiten braten. Artischockenherzen und Thymian hinzufügen, etwa 2 Minuten mitbraten lassen. Mit Salz und Pfeffer würzen.
7. Zum Servieren die Salzkruste aufschlagen und vorsichtig vom Fisch lösen.

Tipp

Für Fische in der Salzkruste nur ungeschuppte Fische verwenden. Die Schuppen schützen das Fischfleisch vor dem Salz.

Eingepacktes **Fischfilet**

Zubereitungszeit: 45 Min., ohne evtl. Auftauzeit | Garzeit: etwa 15 Min.
Pro Portion: E: 30 g, F: 10 g, Kh: 19 g, kJ: 1222, kcal: 291 | **Für Gäste**

4 Portionen

4	*Zanderfilets (je 150 g, TK oder frisch)*
1	*Fenchelknolle (etwa 200 g)*
40 g	*Butter*
100 g	*Rosinen*
1 TL	*Zucker*
1 EL	*Balsamico-Essig*
200 ml	*Gemüsebrühe*
	Salz
	frisch gemahlener Pfeffer

Außerdem:
4 Bögen Backpapier

1. TK-Zanderfilets nach Packungsanleitung auftauen lassen. Zanderfilets unter fließendem kalten Wasser abspülen und trockentupfen.
2. Von der Fenchelknolle die Stiele dicht oberhalb der Knolle abschneiden. Braune Stellen und Blätter entfernen, das Wurzelende gerade schneiden. Die Knolle waschen, abtropfen lassen und in dünne Spalten oder in Würfel schneiden.
3. Butter in einer Pfanne zerlassen. Fenchelstücke und Rosinen darin unter Wenden andünsten. Zucker darauf streuen und leicht karamellisieren lassen. Essig und Brühe hinzugießen, zum Kochen bringen und um ein Viertel einkochen lassen.
4. Auf je 1 Bogen Backpapier ein Zanderfilet legen, mit Salz und Pfeffer würzen. Die Fenchel-Rosinen-Mischung darauf verteilen. Das Backpapier so zusammenfalten, dass keine Flüssigkeit auslaufen kann. Die Päckchen auf ein Backblech legen. Das Backblech in den Backofen schieben.

Ober-/Unterhitze: etwa 200 °C (vorgeheizt)
Heißluft: etwa 180 °C (vorgeheizt)
Gas: Stufe 3–4 (vorgeheizt)
Garzeit: etwa 15 Minuten.

Beilage

Reis oder Kartoffeln und Feldsalat.

Variante

Wer keinen Fenchel mag, kann dieses Gericht auch mit Zucchini zubereiten. Dafür 2 mittelgroße Zucchini waschen, trockentupfen und die Enden abschneiden. Zucchini in Scheiben schneiden. Zucchinischeiben in erhitztem Olivenöl anbraten, dann wie ab Punkt 4 beschrieben weiterverarbeiten.

Schollenfilets in der Pergamenthülle

Zubereitungszeit: 30 Min. | Garzeit: 30–35 Min.
Pro Portion: E: 27 g, F: 8 g, Kh: 2 g, kJ: 816, kcal: 196 | **Für Gäste – einfach**

4 Portionen

4	*doppelte Schollenfilets (je etwa 140 g)*
	Salz
	frisch gemahlener, weißer Pfeffer
200 g	*Staudensellerie*
160 g	*frische Champignons*
1	*Zwiebel (etwa 60 g)*
1	*Bio-Limette (unbehandelt, ungewachst)*
2 EL	*Olivenöl*

Außerdem:

2 Bögen	*Pergamentpapier oder 2 große Pergamentpapiertüten*

1 Schollenfilets unter fließendem kalten Wasser abspülen und trockentupfen. Filets längs halbieren, so dass 8 Filets entstehen. Mit Salz und Pfeffer bestreuen. Jeweils ein Filet mit der Hautseite nach innen aufrollen.

2 Sellerie putzen und die harten Außenfäden abziehen. Sellerie waschen, abtropfen lassen und in dünne Scheiben schneiden. Champignons putzen, mit Küchenpapier abreiben, evtl. kurz abspülen, trockentupfen und vierteln. Zwiebel abziehen und in kleine Würfel schneiden. Limette waschen, abtrocknen und in schmale Spalten schneiden.

3 Das vorbereitete Gemüse mit den Limettenspalten in einer Schüssel mischen, mit Salz und Pfeffer würzen, Olivenöl unterrühren. Die Gemüsemasse auf 2 Pergamentpapierbögen oder -tüten verteilen. Jeweils 4 Schollenfiletröllchen darauf legen. Das Gemüse so in dem Pergamentpapier einpacken, dass der Falzrand oben liegt. Die Päckchen auf ein Backblech legen. Das Backblech in den Backofen schieben.

Ober-/Unterhitze: etwa 200 °C (vorgeheizt)
Heißluft: etwa 180 °C (nicht vorgeheizt)
Gas: Stufe 3–4 (nicht vorgeheizt)
Garzeit: 30–35 Minuten.

Beilage

Salzkartoffeln.

Tipp

Die Päckchen portionsweise mit einer Gemüseportion und 2 Fischröllchen füllen und garen. Statt Pergamentpapier Backpapier verwenden und wie ein Bonbon einwickeln. Die Schollenfilets nach Belieben vor dem Aufrollen mit Porreestreifen belegen. Dafür 1 Porreestange putzen, die Stange längs halbieren, waschen, abtropfen lassen und in lange Streifen schneiden. Jeweils einen Porreestreifen auf die Schollenfilets legen und aufrollen.

Gefüllte **Makrelen**

Zubereitungszeit: 25 Min. | Garzeit: etwa 30 Min. | Pro Portion: E: 33 g, F: 26 g, Kh: 6 g, kJ: 1634, kcal: 390 | **Für Gäste**

4 Portionen

2	*rote Zwiebeln*
2	*Knoblauchzehen*
2–3 Stangen	*Staudensellerie (etwa 150 g)*
1 Bund	*glatte Petersilie*
3 EL	*Tomatenmark*
30 g	*abgezogene, gemahlene Mandeln*
	Salz
	frisch gemahlener Pfeffer
2	*küchenfertige Makrelen oder Forellen (je etwa 400 g)*
2	*rote Zwiebeln*
4 EL	*Olivenöl*

1 Zwiebeln und Knoblauch abziehen, in kleine Würfel schneiden. Staudensellerie putzen (Selleriegrün beiseite legen) und die harten Außenfäden abziehen. Sellerie waschen, abtropfen lassen und in sehr kleine Würfel schneiden. Petersilie abspülen und trockentupfen. Die Blättchen von den Stängeln zupfen. Blättchen klein schneiden.

2 Zwiebel-, Knoblauch-, Selleriewürfel und Petersilie mit Tomatenmark und Mandeln mischen. Mit Salz und Pfeffer würzen.

3 Makrelen oder Forellen von innen und außen unter fließendem kalten Wasser abspülen und trockentupfen. Einen Teil der Kräuter-Mandel-Mischung in die Makrelen oder Forellen füllen. Restliche Kräuter-Mandel-Mischung in eine flache Auflaufform geben.

4 Zwiebeln abziehen, zuerst in Scheiben schneiden, dann in Ringe teilen. Makrelen oder Forellen auf die Kräuter-Mandel-Mischung legen. Zwiebelringe darauf verteilen und mit Olivenöl beträufeln. Die Form auf dem Rost in den Backofen schieben.

Ober-/Unterhitze: etwa 180 °C (vorgeheizt)
Heißluft: etwa 160 °C (vorgeheizt)
Gas: Stufe 2–3 (vorgeheizt)
Garzeit: etwa 30 Minuten.

5 Beiseite gelegtes Selleriegrün waschen und trockentupfen. Die Makrelen oder Forellen damit bestreuen.

Makrelen auf Mittelmeerart

Zubereitungszeit: 40 Min. | Garzeit: etwa 35 Min. | Pro Portion: E: 55 g, F: 40 g, Kh: 4 g, kJ: 2504, kcal: 597 | **Raffiniert**

4 Portionen

4 küchenfertige Makrelen (je etwa 350 g)
Salz
frisch gemahlener Pfeffer

Für die Füllung:
3 Fleischtomaten
15 schwarze, entsteinte Oliven
gerebelter Oregano
1 Bund glatte Petersilie

Zum Garnieren:
einige Basilikumblättchen

Außerdem:
4 Bögen Alufolie

1 Makrelen innen und außen unter fließendem kalten Wasser abspülen und trockentupfen. Makrelen mit Salz und Pfeffer bestreuen.
2 Für die Füllung Tomaten waschen, kreuzweise einschneiden und einige Sekunden in kochendes Wasser legen. Tomaten kurz in kaltes Wasser legen, enthäuten, halbieren, entkernen und die Stängelansätze herausschneiden. Tomaten in Würfel schneiden.
3 Oliven vierteln, mit Oregano zu den Tomatenwürfeln geben. Petersilie abspülen und trockentupfen. Die Blättchen von den Stängeln zupfen, Blättchen fein hacken und unter die Oliven-Tomaten-Masse heben.
4 Die Makrelen mit der Oliven-Tomaten-Masse füllen. Jeweils 1 gefüllte Makrele auf je einen Bogen Alufolie legen und fest verschließen.
5 Die eingepackten Makrelen auf ein Backblech legen. Das Backblech in den Backofen schieben.

Ober-/Unterhitze: etwa 200 °C (vorgeheizt)
Heißluft: etwa 180 °C (nicht vorgeheizt)
Gas: Stufe 3–4 (nicht vorgeheizt)
Garzeit: etwa 35 Minuten.

6 Die Makrelen und das Gemüse aus der Alufolie nehmen und auf einer vorgewärmten Platte anrichten. Mit Basilikumblättchen garniert servieren.

Tipp

Sie können die Makrelen auch auf dem Grill garen. Dann die eingepackten Makrelen auf den heißen Grill legen und unter gelegentlichem Wenden etwa 30 Minuten grillen.

Tilapiafilet im Wirsingblatt

Zubereitungszeit: 35 Min., ohne Auftauzeit | Dämpfzeit: etwa 10 Min.
Pro Portion: E: 32 g, F: 15 g, Kh: 13 g, kJ: 1331, kcal: 318 | **Für Gäste**

2 Portionen

2	*TK-Tilapiafilets (je etwa 160 g)*
4	*große Wirsingblätter*
2 Scheiben	*Ananas (frisch oder aus der Dose)*
1/2	*Avocado*
1	*große Tomate*
2 Stängel	*Minze*
1	*grüne Chilischote*
	Salz
	frisch gemahlener Pfeffer

1. Tilapiafilets nach Packungsanleitung auftauen.
2. Wirsingblätter in kochendem Salzwasser so lange garen, bis sie zusammenfallen. Wirsingblätter in ein Sieb geben, mit eiskaltem Wasser übergießen und einzeln auf Küchenpapier abtropfen lassen.
3. Ananasscheiben in kleine Würfel schneiden. Das Fruchtfleisch der Avocado mit einem Löffel aus der Schale heben, klein würfeln und vorsichtig mit den Ananaswürfeln mischen.
4. Tomate waschen, trockentupfen, vierteln, entkernen und den Stängelansatz herausschneiden. Tomatenviertel in Würfel schneiden und zur Ananas-Avocado-Mischung geben.
5. Minze abspülen und trockentupfen. Die Blättchen von den Stängeln zupfen. Blättchen in Streifen schneiden. Chilischote abspülen, trockentupfen, längs halbieren, entkernen und die Scheidewände entfernen. Chili klein hacken. Minze und Chili unter die Ananas-Avocado-Tomaten-Mischung heben. Mit Salz und Pfeffer abschmecken.
6. Tilapiafilets unter fließendem kalten Wasser abspülen und trockentupfen. Die Ananas-Avocado-Tomaten-Mischung auf den Tilapiafilets verteilen. Die Tilapiafilets in jeweils 2 Wirsingblättern einschlagen und mit der Nahtseite nach unten in einen Dämpfeinsatz legen und etwa 10 Minuten dämpfen.

Gespicktes **Doradenfilet**

Zubereitungszeit: 25 Min.
Pro Portion: E: 27 g, F: 26 g, Kh: 5 g, kJ: 1564, kcal: 373 | **Raffiniert**

2 Portionen

2 Rispen	*kleine Strauchtomaten (etwa 12 Cocktail-tomaten)*
1 EL	*Olivenöl*
	frisch gemahlener Pfeffer
	Meersalz
4	*Doradenfilets mit Haut, geschuppt (je etwa 80 g)*
8 Stängel	*Thymian*
1	*Bio-Limette (unbehandelt, ungewachst)*
1 EL	*Olivenöl zum Braten*
1 EL	*Butter*
1 EL	*Olivenöl*
	Meersalz
	frisch gemahlener Pfeffer

1 Die Tomatenrispen vorsichtig mit kaltem Wasser abspülen und trockentupfen. Tomaten mit Olivenöl bestreichen. Mit Salz und Pfeffer bestreuen. Tomatenrispen auf ein Backblech legen. Das Backblech in den Backofen schieben und die Tomaten leicht rösten.

Ober-/Unterhitze: etwa 220 °C (vorgeheizt)
Heißluft: etwa 200 °C (vorgeheizt)
Gas: Stufe 4–5 (vorgeheizt)
Backzeit: 6–8 Minuten.

2 In der Zwischenzeit Doradenfilets unter fließendem kalten Wasser abspülen und trockentupfen. Thymian abspülen, trockentupfen und in jeweils 3 gleich große Stücke schneiden, so dass 24 kleine Zweige entstehen. Die Doradenfilets jeweils mit einem kleinen, spitzen Messer 6-mal durchstechen, so dass Löcher entstehen. Durch jedes Loch mit Hilfe einer Pinzette einen Thymianzweig ziehen.

3 Limette heiß abwaschen, abtrocknen und in 6 gleich große Scheiben schneiden.

4 Olivenöl in einer Pfanne erhitzen. Doradenfilets mit der Hautseite nach unten in die Pfanne legen, bei mittlerer Hitze kross braten und mit einem Pfannenwender umdrehen. Butter, Olivenöl und Limettenscheiben hinzufügen.

5 Doradenfilets aus der Pfanne nehmen, mit Salz und Pfeffer würzen. Limettenscheiben weitere 2 Minuten braten und herausnehmen.

6 Doradenfilets auf 2 Tellern anrichten. Mit je einer Tomatenripse und 3 Limettenscheiben garnieren und mit je einem Esslöffel Bratensaft beträufeln. Doradenfilets sofort servieren.

Tunfischsteaks mit Kräutern

Zubereitungszeit: 25 Min., ohne Auftau- und Durchziehzeit | Garzeit: etwa 12 Min.
Pro Portion: E: 29 g, F: 23 g, Kh: 1 g, kJ: 1360, kcal: 325 | **Einfach – schnell**

4 Portionen

Zum Vorbereiten:
4 Bögen Alufolie
1 1/2 EL Speiseöl

4 Tunfischsteaks (je etwa 130 g, etwa 2 cm dick)
1/2 Pck. TK-Kräuter der Provence
2–3 Knoblauchzehen
Salz
frisch gemahlener, grober, bunter Pfeffer

1 Zum Vorbereiten Alufolie auf einer Seite mit Speiseöl bestreichen und auf eine Arbeitsfläche legen.
2 Tunfischsteaks unter fließendem kalten Wasser abspülen und trockentupfen.
3 Kräuter der Provence auftauen lassen. Knoblauch abziehen, in sehr dünne Scheiben schneiden und mit den Kräutern mischen.
4 Je ein Tunfischsteak auf je ein mit Speiseöl bestrichenes Stück Alufolie legen. Die Tunfischsteaks mit der Kräuter-Knoblauch-Masse bestreichen, mit Salz und Pfeffer bestreuen. Die Tunfischsteaks jeweils in der Alufolie zu einem Päckchen einpacken, in den Kühlschrank legen und über Nacht durchziehen lassen.
5 Die Tunfischsteak-Päckchen auf ein Backblech legen. Das Backblech in den Backofen schieben.

Ober-/Unterhitze: etwa 200 °C (vorgeheizt)
Heißluft: etwa 180 °C (vorgeheizt)
Gas: Stufe 3–4 (vorgeheizt)
Garzeit: etwa 12 Minuten.

Beilage

Ein bunt gemischter Salat aus Paprikaschoten- und Zucchiniwürfeln, Tomaten- und Olivenscheiben in Essig-Öl-Dressing, Baguette oder andere Brotsorten.

Tipp

Sie können die Tunfischsteaks auch auf dem Grill garen. Dann die Tunfischsteak-Päckchen auf den heißen Grill legen und unter gelegentlichem Wenden etwa 15 Minuten grillen.

Asiatische **Lachsstücke**

Zubereitungszeit: 25 Min. | Garzeit: etwa 20 Min.
Pro Portion: E: 35 g, F: 12 g, Kh: 14 g, kJ: 1249, kcal: 298 | **Raffiniert**

4 Portionen

600 g	*Lachsfilet, frisch oder TK-Lachsfilet, ohne Haut und Gräten*
25 g	*getrocknete Mu-Err-Pilze (schwarze Baumpilze)*
1 Bund	*Frühlingszwiebeln (etwa 250 g)*
1 Dose	*Sojabohnenkeimlinge (Abtropfgewicht 175 g)*
1 Dose	*Bambussprossen in Streifen (Abtropfgewicht 175 g)*
2 EL	*Sojasauce*
2 EL	*Fischsauce*
	frisch gemahlener Pfeffer

1 Lachsfilet unter fließendem kalten Wasser abspülen und trockentupfen. TK-Lachsfilet vorher nach Packungsanleitung auftauen lassen.
2 Mu-Err-Pilze in kaltem Wasser 5–10 Minuten einweichen. Frühlingszwiebeln putzen, waschen, abtropfen lassen und in etwa 3 cm lange Stücke schneiden. Sojabohnenkeimlinge und Bambussprossen getrennt in je einem Sieb abtropfen lassen.
3 Lachsfilets mit Frühlingszwiebelstücken, Sojabohnenkeimlingen und Bambussprossen in einer Schüssel mischen, Sojasauce und Fischsauce hinzufügen, mit Pfeffer würzen.
4 Die Fisch-Gemüse-Mischung auf ein großes Stück Bratfolie oder in den Bratschlauch geben, nach Packungsanleitung verschließen und auf ein Backblech legen. Das Backblech in den Backofen schieben.

Ober-/Unterhitze: etwa 200 °C (vorgeheizt)
Heißluft: etwa 180 °C (vorgeheizt)
Gas: Stufe 3–4 (vorgeheizt)
Garzeit: etwa 20 Minuten.

5 Die Folie aufschneiden. Die asiatischen Lachsstücke auf einer vorgewärmten Platte anrichten und sofort servieren.

Beilage

Curryreis. *Dafür etwas Butter oder Speiseöl in einer Pfanne erhitzen, 1 Teelöffel Currypulver hinzufügen. Gegarten Reis hinzugeben und gut verrühren, mit Salz abschmecken.*

Seeteufel mit geschmolzenen Tomaten und Oliven

Zubereitungszeit: 30 Min. | Pro Portion: E: 33 g, F: 16 g, Kh: 5 g, kJ: 1256, kcal: 299 | **Raffiniert**

2 Portionen

6	*Seeteufelmedaillons (je etwa 70 g)*
	Olivenöl zum Anbraten
1 EL	*Butter*
	Meersalz
	frisch gemahlener, schwarzer Pfeffer
1	*Knoblauchzehe*
12	*rotbraune Oliven*
1 EL	*Kräuter der Provence*
2 Rispen	*Cocktailtomaten*
etwas	*Olivenöl zum Bestreichen*

1 Seeteufelmedaillons unter fließendem kalten Wasser abspülen und trockentupfen. Olivenöl in einer Pfanne erhitzen. Die Medaillons darin scharf anbraten. Wenn sie anfangen braun zu werden, Butter hinzufügen.
2 Medaillons umdrehen und weitere 3 Minuten braten. Medaillons aus der Pfanne nehmen, mit Salz und Pfeffer bestreuen, auf einen vorgewärmten Teller legen und warm stellen.
3 Ungeschälte Knoblauchzehe mit der flachen Hand aufschlagen. Oliven, Kräuter der Provence und Knoblauch mit Schale in die heiße Pfanne geben. Die Zutaten unter mehrmaligem Schwenken erwärmen und ebenfalls warm stellen.
4 Die Cocktailtomaten (mit Rispe) vorsichtig kalt abspülen, trockentupfen und mit Olivenöl bestreichen. Tomatenrispen auf ein Backblech legen. Das Backblech in den Backofen schieben.

Ober-/Unterhitze: etwa 200 °C (vorgeheizt)
Heißluft: etwa 180 °C (vorgeheizt)
Gas: Stufe 3–4 (vorgeheizt)
Backzeit: etwa 10 Minuten.

5 Die Cocktailtomaten so lange backen, bis die Haut aufplatzt. Cocktailtomaten mit Salz und Pfeffer bestreuen.
6 Je 3 Medaillons auf einen Teller legen. Die Oliven darum anrichten. Je eine Cocktailtomatenripse auf die Medaillons legen. Sofort servieren.

Tipp

Mit Landbrot und gutem Olivenöl servieren.

Seeteufel mit Chorizo und Bohnen

Zubereitungszeit: 35 Min. | Garzeit: etwa 15 Min. | Pro Portion: E: 64 g, F: 53 g, Kh: 28 g, kJ: 3691, kcal: 881 | **Mit Alkohol**

2 Portionen

500 g	*Seeteufelfilet (geputzt an der Gräte)*
	Salz
	frisch gemahlener Pfeffer
2 EL	*Semmelbrösel*
1 EL	*Butter*
½	*weiche Chorizo (Spanische Paprikawurst, etwa 200 g)*
1 kleine Dose	*weiße Riesenbohnen (Abtropfgewicht 185 g)*
20	*Oliven*
100 ml	*trockener Weißwein*
6 Stängel	*Thymian*

1 Seeteufel unter fließendem kalten Wasser abspülen und trockentupfen, mit Salz und Pfeffer bestreuen. Seeteufel in eine große, feuerfeste Form oder Auflaufform (gefettet) legen. Mit Semmelbröseln bestreuen. Butterflöckchen darauf verteilen.

2 Die Haut der Paprikawurst mit einem kleinen Messer abziehen. Paprikawurst in etwa 1 cm dicke Scheiben schneiden. Bohnen in einem Sieb abtropfen lassen.

3 Wurstscheiben, Bohnen und Oliven mischen, um den Seeteufel verteilen. Wein vorsichtig hinzugießen.

4 Thymian abspülen, trockentupfen und auf den Seeteufel legen. Die Form auf dem Rost in den Backofen schieben.

Ober-/Unterhitze: etwa 200 °C (vorgeheizt)
Heißluft: etwa 180 °C (vorgeheizt)
Gas: Stufe 3–4 (vorgeheizt)
Garzeit: etwa 15 Minuten.

Beilage

Risotto.

Pikanter **Fischauflauf**

Zubereitungszeit: 40 Min., ohne Abkühlzeit | Garzeit: 40–50 Min.
Pro Portion: E: 38 g, F: 25 g, Kh: 35 g, kJ: 2216, kcal: 529 | **Raffiniert**

4 Portionen
(Römertopf 4-Liter-Inhalt)

1 kg	*Kartoffeln*
	Salzwasser
500 g	*Schollenfilet*
	Zitronensaft
	Salz
125 ml (1/8 l)	*heiße Milch*
40 g	*Butter*
3	*Zwiebeln*
100 g	*geräucherter, durchwachsener Speck*
375 g	*Tomaten*
	frisch gemahlener Pfeffer
75 g	*frisch geriebener Emmentaler- oder mittelalter Gouda-Käse*

1 Kartoffeln waschen, schälen, abspülen und in Stücke schneiden. Kartoffelstücke in einem Topf mit Salzwasser zum Kochen bringen und zugedeckt etwa 15 Minuten garen.
2 Schollenfilets unter fließendem kalten Wasser abspülen, trockentupfen und mit Zitronensaft beträufeln, etwas durchziehen lassen. Schollenfilets trockentupfen und mit Salz bestreuen.
3 Die garen Kartoffeln abgießen, mit Milch und Butter zu einem Brei zerstampfen, etwas abkühlen lassen. Kartoffelbrei in einen gewässerten Römertopf geben. Schollenfilets darauf verteilen.
4 Zwiebeln abziehen und in kleine Würfel schneiden. Speck ebenfalls klein würfeln. Speckwürfel in einer Pfanne auslassen, Zwiebelwürfel hinzufügen und goldgelb dünsten. Die Speck-Zwiebel-Masse auf den Schollenfilets verteilen.
5 Tomaten waschen, abtrocknen und die Stängelansätze herausschneiden. Tomaten in Scheiben schneiden und schuppenförmig auf die Schollenfilets legen. Mit Salz und Pfeffer würzen. Käse darauf verteilen. Den Römertopf mit dem Deckel verschließen und auf dem Rost in den kalten Backofen schieben.

Ober-/Unterhitze: 200–220 °C
Heißluft: 180–200 °C
Gas: etwa Stufe 4
Garzeit: 40–50 Minuten.

Tipp

Sie können den Auflauf auch mit TK-Schollenfilets zubereiten. Dann den Fisch vor der Zubereitung auftauen lassen.

Kabeljaukoteletts auf Zucchini-Risotto

Zubereitungszeit: 40 Min. | Garzeit: 15–20 Min. (je nach Dicke der Koteletts).
Pro Portion: E: 33 g, F: 25 g, Kh: 46 g, kJ: 2302, kcal: 551 | **Für Gäste**

4 Portionen

2	*Zwiebeln*
1	*gelbe oder grüne Zucchini (etwa 300 g)*
1	*Fenchelknolle (etwa 350 g)*
200 g	*Risottoreis, z. B. Arborio-Reis*
3 EL	*Olivenöl*
1 Glas (400 ml)	*Fischfond*
200 g	*Schlagsahne*
	Salz
	frisch gemahlener Pfeffer
	Cayennepfeffer
4	*Kabeljaukoteletts (je etwa 150 g) oder 600 g Kabeljaufilets*
	vorbereitete Dillspitzen

1. Zwiebeln abziehen und in kleine Würfel schneiden. Zucchini waschen, abtrocknen und die Enden abschneiden. Zucchini in kleine Würfel schneiden.
2. Von der Fenchelknolle die Stiele dicht oberhalb der Knolle abschneiden. Braune Stellen und Blätter entfernen, das Wurzelende gerade schneiden. Die Knolle waschen, abtropfen lassen, vierteln und in kleine Würfel schneiden. Fenchelgrün waschen, trockentupfen, klein schneiden und beiseite legen.
3. Olivenöl in einem Topf erhitzen. Reis hinzufügen und unter Rühren andünsten. Fischfond hinzugießen, zum Kochen bringen. Den Reis etwa 10 Minuten bei schwacher Hitze quellen lassen. Dann Sahne und das vorbereitete Gemüse hinzugeben, zum Kochen bringen und weitere 10 Minuten garen. Gemüsereis mit Salz und Pfeffer würzen und in eine Auflaufform geben.
4. Kabeljaukoteletts oder -filets unter fließendem kalten Wasser abspülen, trockentupfen und mit Salz bestreuen. Kabeljaukoteletts oder -filets auf den Gemüsereis legen. Die Form auf dem Rost in den Backofen schieben.

   Ober-/Unterhitze: etwa 200 °C (vorgeheizt)
   Heißluft: etwa 180 °C (vorgeheizt)
   Gas: Stufe 3–4 (vorgeheizt)
   Garzeit: 15–20 Minuten

5. Die Kabeljaukoteletts oder -filets mit Zucchini-Risotto und Dillspitzen garniert servieren.

Tipp

Sie können statt Kabeljau auch 600 g TK-Steinbuttfilets verwenden, dann die Steinbuttfilets vorher auftauen lassen. Die Garzeit beträgt dann 10–15 Minuten.

Roh gebratener Tunfisch mit schwarzem und weißem Sesam

Zubereitungszeit: 30 Min., ohne Auftauzeit | Pro Portion: E: 51 g, F: 46 g, Kh: 15 g, kJ: 2846, kcal: 680 | **Raffiniert**

2 Portionen

4	TK-Tunfischmedaillons oder frische Tunfischmedaillons (je etwa 80 g, etwa 3 cm dick)

Für den Möhren-Rettich-Salat:

1	große Möhre
200 g	frischer Rettich
	Salz
2 EL	weißer Sesamsamen (erhältlich im Asialaden)
2 EL	schwarzer Sesamsamen (erhältlich im Asialaden)
1 Bund	Koriander
1 EL	Sesamöl
	frisch gemahlener Pfeffer
2 EL	Erdnussöl zum Braten

Außerdem:

200 ml	Sojasauce
1 EL	Wasabipaste (grüner Meerrettich, erhältlich im Asialaden)

1 TK-Tunfischmedaillons nach Packungsanleitung auftauen lassen.

2 Für den Salat Möhre und Rettich putzen, schälen, waschen und abtropfen lassen. Möhre und Rettich auf einer Haushaltsreibe in lange, dünne Streifen hobeln. Die Möhren- und Rettichstreifen in eine Schüssel geben, mit Salz bestreuen und mit den Händen einmal kräftig durchkneten.

3 Tunfischmedaillons unter fließendem kalten Wasser abspülen und trockentupfen. Je zwei Medaillons in weiße und schwarze Sesamsamen wenden und andrücken.

4 Koriander abspülen und trockentupfen. Die Blättchen von den Stängeln zupfen. Den Möhren-Rettich-Salat mit Sesamöl und Pfeffer abschmecken. Korianderblättchen unterheben.

5 Erdnussöl in einer Pfanne erhitzen. Die Tunfischmedaillons hinzufügen und kurz anbraten. TK-Tunfisch von jeder Seite 1–2 Minuten, frischer Tunfisch von jeder Seite 45 Sekunden bis 1 ½ Minuten (die Medaillons sollten in der Mitte unbedingt roh bleiben). Die Tunfischmedaillons mit Salz und Pfeffer bestreuen.

6 Den Möhren-Rettich-Salat auf 2 Tellern verteilen und mit je einem weißen und schwarzen Tunfischmedaillon belegen. Mit Sojasauce und Wasabipaste servieren.

Tipp

Tunfisch hat sehr festes Fleisch, das sich gut zum Braten und grillen eignet. es darf jedoch nicht zu lange gegart werden, da es sonst hart wird.

Gegrillter Fisch

Seite 112 – 123

Leckereien vom heißen Grill

Gegrillte Kabeljaufiletstücke
Viktoriabarsch im Zucchinimantel
Gegrilltes Tilapiafilet, in Curry mariniert
Riesengarnelenspieße
Garnelen am Spieß
Gegrillte Riesengarnelen mit 2 Saucen
Riesengarnelen, gegrillt
Langostinos mit Sherrysauce

Gegrillte **Kabeljaufiletstücke**

Zubereitungszeit: 30 Min., ohne Auftau- und Durchziehzeit | Grillzeit: 10–12 Min.
Pro Portion: E: 31 g, F: 5 g, Kh: 1 g, kJ: 814, kcal: 195 | **Raffiniert – klassisch – mit Alkohol**

8–10 Portionen

1,6 kg TK-Kabeljaufilet

Für die Marinade:
300 ml trockener Weißwein, z. B. Riesling
2 Pck. TK-Kräuter der Provence
3 EL Speiseöl
Saft von 1 Zitrone
Salz
frisch gemahlener Pfeffer

Außerdem:
10 Bögen Alufolie

1 Kabeljaufilets nach Packungsanleitung auftauen lassen. Filets unter fließendem kalten Wasser abspülen und trockentupfen.
2 Für die Marinade Wein mit Kräutern und Speiseöl mischen, in einem Topf zum Kochen bringen und erkalten lassen.
3 Kabeljaufilets in eine flache Schale legen. Den Weinsud mit Zitronensaft, Salz und Pfeffer würzen, auf den Fischfilets verteilen und zugedeckt im Kühlschrank durchziehen lassen.
4 Die Fischfiletstücke aus dem Sud nehmen. Je ein Stück Fischfilet auf einen Bogen Alufolie legen und zu einem Päckchen einwickeln. Die Fischpäckchen auf den vorgeheizten Grill legen und unter mehrmaligem Wenden 10–12 Minuten grillen.
5 Restlichen Sud in einen kleinen Topf geben, zum Kochen bringen und etwa um die Hälfte einkochen lassen. Den gegrillten Fisch damit beträufeln.

Beilage

Kartoffelsalat mit Radieschen und Schnittlauch.

Viktoriabarsch im Zucchinimantel

Zubereitungszeit: 50 Min. | Grillzeit: etwa 12 Min.
Pro Portion: E: 13 g, F: 2 g, Kh: 1 g, kJ: 319, kcal: 76 | **Raffiniert – gut vorzubereiten**

Beilage

Salate und Aioli (Knoblauchmayonnaise).

8–10 Portionen

2	*mittelgroße Zucchini (je etwa 250 g)*
	Salzwasser
4	*Viktoriabarschfilets (etwa 600 g)*
	Salz
	frisch gemahlener Pfeffer
etwas	*Zitronensaft*
	Olivenöl

Außerdem:
evtl. Holzstäbchen

1 Zucchini waschen, abtrocknen und die Enden abschneiden. Zucchini der Länge nach in dünne Scheiben schneiden.
2 Zucchinischeiben in kochendem Salzwasser etwa 2 Minuten blanchieren. Anschließend in ein Sieb geben, mit eiskaltem Wasser abschrecken und in einem Sieb abtropfen lassen.
3 Viktoriabarschfilets unter fließendem kalten Wasser abspülen und trockentupfen. Die Fischfilets jeweils einmal senkrecht durchschneiden. Mit Salz, Pfeffer und Zitronensaft würzen.
4 Die Fischfilets in je 2–3 Zucchinischeiben einschlagen und evtl. mit Holzstäbchen zusammenhalten. Mit Olivenöl bestreichen.
5 Die eingeschlagenen Fischfilets auf den vorgeheizten, mit Alufolie belegten Grill legen und von beiden Seiten etwa 12 Minuten grillen.

Gegrilltes Tilapiafilet, in Curry mariniert

Zubereitungszeit: 20 Min., ohne Auftauzeit | Grillzeit: etwa 3 Min. | Pro Portion: E: 28 g, F: 3 g, Kh: 2 g, kJ: 632, kcal: 151 | **Raffiniert**

4 Portionen

4	*TK-Tilapiafilets (je etwa 150 g)*
1	*große, rote Chilischote*
2	*Knoblauchzehen*
4 EL	*Limettenöl*
2 EL	*Zitronen-Currypulver (erhältlich im Asialaden)*

1. Tilapiafilets nach Packungsanleitung auftauen lassen.
2. Chilischote abspülen, trockentupfen, längs halbieren und entkernen. Chili klein schneiden. Knoblauch abziehen und fein hacken.
3. Limettenöl mit Zitronen-Currypulver glatt rühren. Chili und Knoblauch unterrühren.
4. Tilapiafilets unter fließendem kalten Wasser abspülen und trockentupfen. Die Filets gleichmäßig von beiden Seiten mit der Marinade bestreichen und in eine Alu-Grillschale legen.
5. Tilapiafilets bei nicht zu starker Hitze von beiden Seiten in etwa 3 Minuten fertig grillen. Vorsicht, die Marinade brennt schnell an!

Tipp

*Tilapiafilets mit **asiatischem Gurkensalat** servieren. Dafür eine Bio-Salatgurke waschen, abtrocknen und die Enden abschneiden. Die Gurke mit der Schale auf einem Gemüsehobel in lange, breite Streifen hobeln. Für die Marinade Fischsauce mit Sojasauce verrühren. Gewaschene und trockengetupfte Minzeblättchen unterrühren. Mit Salz und Zucker abschmecken. Die Marinade mit den Gurkenstreifen mischen.*

Riesengarnelenspieße

Zubereitungszeit: 20 Min., ohne Auftauzeit | Grillzeit: etwa 4 Min.
Pro Portion: E: 31 g, F: 7 g, Kh: 6 g, kJ: 907, kcal: 217 | **Schnell**

2–4 Portionen

16	*TK-Riesengarnelen (ohne Kopf, mit Schale)*
200 g	*Cocktailtomaten*
1	*gelbe Paprikaschote*
	Salz
6	*Knoblauchzehen*
12	*kleine Champignons*
4 EL	*Speiseöl*
1 EL	*Zitronensaft*
	Salz
1 Prise	*Zucker*

Außerdem:
Holz- oder Schaschlikspieße

1 Riesengarnelen nach Packungsanleitung auftauen lassen. Cocktailtomaten waschen, trockentupfen, halbieren und die Stängelansätze herausschneiden.
2 Paprika halbieren, entstielen, entkernen und die weißen Scheidewände entfernen. Schote waschen, trockentupfen und in größere Stücke schneiden. Paprikastücke in Salzwasser zum Kochen bringen und 3–4 Minuten kochen lassen. Paprikastücke abtropfen lassen und enthäuten.
3 Vier Knoblauchzehen abziehen und halbieren. Champignons putzen, mit Küchenpapier abreiben, evtl. kurz abspülen und trockentupfen.
4 Aufgetaute Garnelen unter fließendem kalten Wasser abspülen und trockentupfen.
5 Die vorbereiteten Zutaten abwechselnd auf Holz- oder Schaschlikspieße stecken.
6 Restliche Knoblauchzehen abziehen, durch eine Knoblauchpresse drücken und mit dem Speiseöl verrühren. Zitronensaft, Salz und Zucker unterrühren. Die Spieße damit bestreichen.
7 Die Spieße auf den heißen Grillrost (evtl. auf Alufolie belegt) legen und von beiden Seiten etwa 4 Minuten grillen, dabei zwischendurch mit dem Knoblauchöl bestreichen.

Beilage

Geröstetes Fladenbrot oder Ciabatta.

Garnelen am Spieß

Zubereitungszeit: 80 Min., ohne Auftau- und Durchziehzeit | Grillzeit: 8–10 Minuten
Pro Portion: E: 27 g, F: 46 g, Kh: 6 g, kJ: 2252, kcal: 538 | **Etwas teurer**

8–10 Portionen

50	TK-Garnelen ohne Schale, mittlere Größe (3 Pck. je 200 g)
10	kleine Schalotten
10	Frühlingszwiebeln (2 Bund je 120 g)
30 Scheiben	Frühstücksspeck (je 20 g)
	frisch gemahlener, grober, bunter Pfeffer
6 EL	Olivenöl

Für den Dip:

400 g	Delikatessmayonnaise
2 EL	mittelscharfer Senf
	Salz
	frisch gemahlener Pfeffer
6	Knoblauchzehen

Außerdem:

10	Holz- oder Metallspieße

1 Garnelen nach Packungsanleitung auftauen lassen, evtl. den Darm entfernen. Garnelen abspülen und trockentupfen.
2 Schalotten abziehen und längs halbieren. Frühlingszwiebeln putzen, waschen, abtropfen lassen. Den weißen Teil in etwa 3 cm lange Stücke schneiden. Frühlingszwiebelgrün in dünne Ringe schneiden und beiseite stellen.
3 Den Frühstücksspeck zu Röllchen drehen.
4 Abwechselnd Garnelen, Schalotten, Frühlingszwiebelstücke (weißer Teil) und Speckröllchen auf Holz- oder Metallspieße stecken (je Spieß 5 Garnelen, 2 Schalottenhälften, 3 Frühlingszwiebelstücke, 3 Speckröllchen).
5 Die Spieße in eine flache Schale legen, mit buntem Pfeffer bestreuen und mit Olivenöl beträufeln.
6 Für den Dip Mayonnaise mit Senf verrühren. Mit Salz und Pfeffer würzen. Knoblauch abziehen und durch eine Knoblauchpresse drücken. Knoblauch und die beiseite gestellten Frühlingszwiebelringe unterrühren.
7 Die Garnelenspieße auf dem vorgeheizten Grill unter gelegentlichem Wenden 8–10 Minuten grillen.
8 Die Garnelenspieße mit dem Dip servieren.

Beilage

Ofenfrisches Baguette.

Gegrillte Riesengarnelen mit 2 Saucen

Zubereitungszeit: 1 Std., ohne Auftau- und Marinierzeit | Grillzeit: 4–5 Min.
Pro Portion: E: 33 g, F: 31 g, Kh: 11 g, kJ: 1932, kcal: 462 | **Für Gäste**

4 Portionen

24	TK-Garnelenschwänze oder küchenfertige, gegarte Garnelenschwänze ohne Schale (etwa 25 g pro Stück)
2	Knoblauchzehen
2	Frühlingszwiebeln
	Schale und Saft von
2	Bio-Limetten (unbehandelt, ungewachst)
2 EL	Olivenöl
	Salz
	Zitronenpfeffer

Für die Nuoc-Cham-Sauce (pikante vietnamesische Würzsauce):

2	Knoblauchzehen
1	rote Chilischote
1 EL	feiner Zucker
	Schale und Saft von
1	Bio-Limette (unbehandelt, ungewachst)
125 ml (1/8 l)	Wasser
1 EL	Fischsauce (erhältlich im Asialaden)

Für den Avocadodip:

2	reife Avocados
	Saft von
1	Limette
	Salz
	frisch gemahlener Pfeffer
	Cayennepfeffer

Außerdem:

Schaschlikspieße

1 Garnelenschwänze nach Packungsanleitung auftauen lassen. Garnelenschwänze unter fließendem kalten Wasser abspülen und trockentupfen. Knoblauch abziehen und fein hacken. Frühlingszwiebeln putzen, waschen, abtropfen lassen und in feine Ringe schneiden. Limetten heiß abwaschen, abtrocknen und die Schale mit einem Zestenreißer abschälen oder die Schale mit einer kleinen Reibe abreiben. Limetten auspressen.

2 Limettensaft mit Knoblauch, Frühlingszwiebelringen und Limettenschale mischen, Olivenöl unterschlagen. Mit Salz und Zitronenpfeffer würzen. Die Garnelen in eine flache Schale legen, die Marinade darauf geben und zugedeckt kalt stellen.

3 Für die Nuoc-Cham-Sauce Knoblauch abziehen und grob hacken. Chili abspülen, trockentupfen, längs halbieren und entkernen. Chilischotenhälften grob hacken. Knoblauch und Chili mit Zucker im Mörser zu einer Paste verarbeiten. Limette heiß abwaschen, abtrocknen und die Schale mit einem Zestenreißer abschälen oder die Schale mit einer kleinen Reibe abreiben. Limette auspressen. Limettensaft mit Wasser und Fischsauce verrühren und unter die Paste rühren.

4 Für den Avocadodip Avocados halbieren und jeweils den Stein herauslösen. Das Fruchtfleisch mit einem Löffel aus den Schalen heben, in eine Schüssel geben und mit einer Gabel zerdrücken. Avocadomus sofort mit Limettensaft beträufeln. Den Dip mit Salz, Pfeffer und Cayennepfeffer abschmecken.

5 Die Garnelenschwänze aus der Marinade nehmen und auf Schaschlikspieße stecken. Die Garnelenspieße auf den heißen Grillrost legen und unter mehrmaligem Wenden 4–5 Minuten grillen. Garnelen mit Salz und Pfeffer würzen und mit den Saucen servieren.

Tipp

Limetten- oder Zitronensaft gibt allen Garnelengerichten den letzten Pfiff.

Riesengarnelen, gegrillt

Zubereitungszeit: 35 Min., ohne Auftau- und Marinierzeit | Grillzeit: etwa 10 Min.
Pro Portion: E: 22 g, F: 8 g, Kh: 20 g, kJ: 1020, kcal: 244 | **Raffiniert**

Tipp

Geröstetes Fladenbrot oder Ciabatta dazu reichen.

4 Portionen

500 g	*TK-Riesengarnelen, mit Schale*
8	*Knoblauchzehen*
5 EL	*Olivenöl*

Für die Teufelssauce:

2	*Knoblauchzehen*
1	*Zwiebel*
2 EL	*Olivenöl*
2 EL	*Tomatenmark*
1	*rote Chilischote*
2 EL	*brauner Zucker*
2 EL	*Weißweinessig*
150 g	*Tomatenketchup*

1 Garnelen nach Packungsanleitung auftauen lassen. Garnelen kurz unter fließendem kalten Wasser abspülen, abtropfen lassen und in eine flache Schale legen. Knoblauch abziehen und durch eine Knoblauchpresse drücken. Olivenöl mit Knoblauch verrühren. Garnelen mit dem Knoblauchöl übergießen und zugedeckt im Kühlschrank einige Stunden durchziehen lassen.

2 Für die Sauce Knoblauch und Zwiebel abziehen, in kleine Würfel schneiden. Olivenöl in einem Topf erhitzen. Knoblauch- und Zwiebelwürfel darin andünsten. Tomatenmark unterrühren.

3 Chilischote waschen, trockentupfen, entstielen, längs halbieren und entkernen. Chili in kleine Stücke schneiden und kurz mit andünsten. Mit Zucker und Essig abschmecken.
Ketchup unterrühren und kurz aufkochen lassen. Sauce kalt stellen.

4 Die Garnelen aus der Marinade nehmen, abtropfen lassen und unter dem vorgeheizten Grill etwa 10 Minuten grillen. Die Schale sollte sich dabei rot verfärben.

5 Die Garnelen mit der Sauce servieren.

Langostinos mit Sherrysauce

Zubereitungszeit: 35 Min. | Grillzeit: etwa 8 Min.
Pro Portion: E: 7 g, F: 10 g, Kh: 2 g, kJ: 542, kcal: 130 | **Etwas teurer – für Gäste – mit Alkohol**

8–10 Portionen

500 g	*frische Langostinos mit Schale oder 350 g TK-Langostinos*

Für die Sherrysauce:

125 g	*Schlagsahne*
1 geh. TL	*Dr. Oetker Sahnesteif*
2 geh. EL	*Delikatessmayonnaise (aus der Tube)*
3 EL	*Sherry*
	Salz
	frisch gemahlener Pfeffer
	Zucker
	Zitronensaft
30 g	*weiche Butter*
	vorbereitete glatt Petersilie
	Zitronenspalten

1 Das Fleisch der frischen Langostinos aus der Schale lösen (Darm herausziehen). TK-Langostinos nach Packungsanleitung auftauen. Langostinos unter fließendem kalten Wasser abspülen und trockentupfen.

2 Für die Sauce Sahne mit Sahnesteif steif schlagen. Mayonnaise und Sherry vorsichtig unterschlagen. Die Sauce mit Salz, Pfeffer, Zucker und Zitronensaft würzen.

3 Die Langostinos auf den vorgeheizten, mit Alufolie belegten Grill legen. Langostinos mit der Hälfte der Butter bestreichen und unter mehrmaligem Wenden etwa 8 Minuten grillen. Die Langostinos nach etwa 2 $^{1}/_{2}$ Minuten Grillzeit mit der restlichen Butter bestreichen.

4 Die Langostinos auf einer Platte anrichten. Mit Petersilie und Zitronenspalten garnieren. Die Sherrysauce dazu reichen.

Beilage

Ofenfrisches Baguette.

Suppen

Vorspeisen

Klassische Fischgerichte

Gebratener Fisch

Moderne Fischgerichte

Gegrillter Fisch

A/B

C/D/E

F

G

H/J

K

L

Umwelthinweis Dieses Buch und der Einband wurden auf chlorfrei gebleichtem Papier gedruckt. Die Einschrumpffolie – zum Schutz vor Verschmutzung – ist aus umweltfreundlichem und recyclingfähigem PE-Material.

Wenn Sie Anregungen, Vorschläge oder Fragen zu unseren Büchern haben, rufen Sie uns unter folgender Nummer an 0521 155–2580 oder 520650 oder schreiben Sie uns:
Dr. Oetker Verlag KG, Am Bach 11, 33602 Bielefeld
oder besuchen Sie uns im Internet unter www.oetker.de.

Wir danken für die freundliche Unterstützung COSTA Meeresspezialitäten GmbH & Co. KG

Redaktion Carola Reich, Annette Riesenberg

Titelfoto Thomas Diercks, Hamburg
Innenfotos Thomas Diercks, Kai Boxhammer, Hamburg (S. 4, 20–23, 29, 31–41, 44, 46, 48, 49, 50, 54, 56, 57, 60, 61–65, 73–76, 88, 91–98, 104, 106, 107, 110, 114–123)
Ulli Hartmann, Halle, Westf. (S. 70, 71, 81, 84)
Bela Hoche, Hamburg (S. 90, 99, 105)
Kramp & Gölling, Hamburg (S. 72, 77)
Hans-Joachim Schmidt, Hamburg (S. 17, 100, 108, 109)
Norbert Toelle, Bielefeld (S. 51, 52, 53, 58, 59, 80)
Brigitte Wegner, Bielefeld (S. 16, 18, 47)

Rezeptentwicklung und -beratung Rocco Dressel, Hamburg
Mechthild Plogmaker, Dr. Oetker Versuchsküche, Bielefeld

Nährwertberechnungen Nutri Service, Hennef

Grafisches Konzept kontur:design, Bielefeld
Gestaltung M•D•H Haselhorst, Bielefeld
Titelgestaltung kontur:design, Bielefeld

Reproduktionen Fotolito Longo, Bozen/Italien
Satz Typografika, Bielefeld
Druck und Bindung Appl Druck & Co. KG, Wemding

Die Autoren haben dieses Buch nach bestem Wissen und Gewissen erarbeitet. Alle Rezepte, Tipps und Ratschläge sind mit Sorgfalt ausgewählt und geprüft. Eine Haftung des Verlages und seiner Beauftragten für alle erdenklichen Schäden an Personen, Sach- und Vermögensgegenständen ist ausgeschlossen.

ISBN 3-7670-0650-2
ISBN 978-3-7670-0650-8